AQUARIUS

AQUARIUS

AQUARIUS

Vision

一些人物，
一些視野，
一些觀點，
與一個全新的遠景！

老公這種生物，

身體或靈魂總有一個在馬桶上

格十三——著

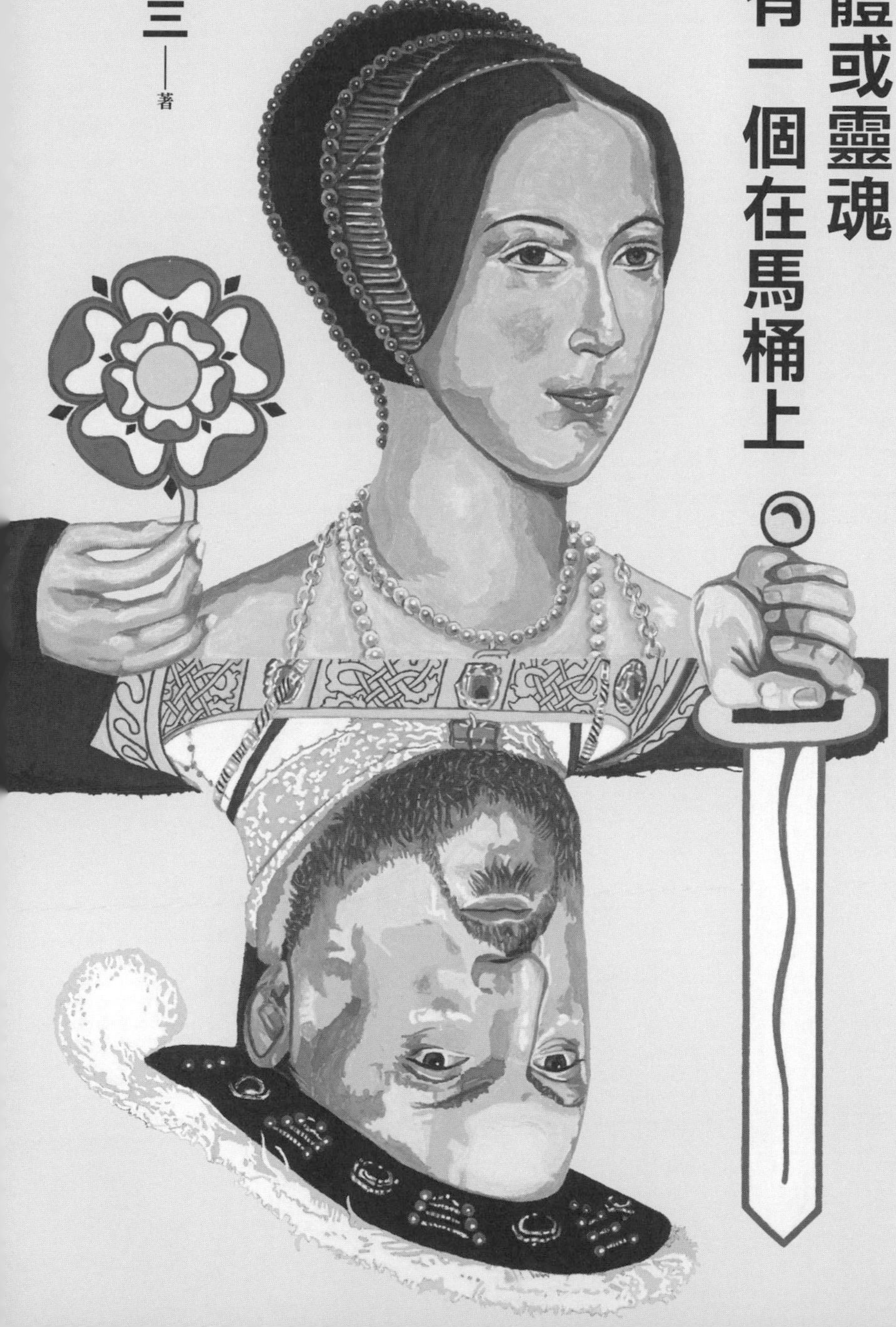

【自序】

婚姻是一場帶夫修行

世上有兩種人，結過婚的和沒結過婚的。神奇的是，現在社會裡很多對婚姻看似瞭如指掌，擅長對婚姻生活誇誇其談、評頭論足的人，並沒有結過婚。婚姻是最容易「道聽途說」和「盲人摸象」的一種事物。

大多數未婚的人總是對婚姻充滿著糾結。我們看過太多從一個人自由自在到兩個人互相掣肘的故事，也只不過消耗了短短幾年的青春代價而已。婚後三年、五年、七年、十年，甚至更久的審美疲勞，很難去想像在漫長的婚姻中要如何保持新鮮度和熱情，更何況還要應對各種讓人心煩的磨合。

這個時代，很多人認為婚姻已不再以一種「必需品」的方式出現了。這種對婚姻生活的未知和迷茫貫穿在都市女性的認知體系裡，其實呢，她們既想擁有一段美好的親

密關係，想擁有一個完整溫暖的家，想擁有屬於自己的親情，又害怕婚後遇到糟粕和凌亂，讓自己後悔。

其實，糾結來源於未知，更來源於一知半解。我同樣見過很多人，因為進入了一段婚姻、擁有了一個或幾個孩子，從而變成了一個更有意思的人、更豐富的人、更惹不起的人，因為他們變得更堅強了。

對大部分人來說，婚姻可以分成「你以為的婚姻」和「實際上的婚姻」兩部分，但誰能少了其中任何一部分呢？那就像人生少了一塊一樣，滋味不夠。

正如欣賞電影，有人覺得溫情喜劇大圓滿的劇情才有意義，有人覺得犀利扎心揭露殘缺面才有看頭。而最好看的電影，往往是犀利扎心揭露殘缺面之後，仍能讓人發現溫情與憧憬的喜悅。

就像那些知道了婚後生活的本質之後，仍能充滿熱情地熱愛每一天的人，他們總是能絢麗、自由地綻放美好的光亮，讓平淡無奇甚至摻雜了些許不堪的生活，如清晨流過山澗的溪水一樣，快速、熱情、奔湧、叮咚作響，所經之處從未停歇，在婆娑樹影之下泛出清冽的漣漪和耀眼的光點，這便是生活最清楚不過又神祕莫測的鮮活的喜悅感。

目錄

老公這種生物，
身體或靈魂
總有一個在馬桶上

目錄

老公這種生物，
身體或靈魂
總有一個在馬桶上

三、靈肉昇華的婚姻，無欲無求

目錄

一、哪家老公不是靈肉分離，魂若浮雲

心腹大患

如果你結婚是為了擁有靈魂伴侶，
那你是想多了。

讓一個男人認真探討婚姻是很難的，從心理角度分析，男性一般不太願意在無解的事情上付出太多精力。女人就不一樣了，這就是為什麼**一說起婚姻，女人總有一肚子話，男人總是稍稍露出苦笑。**

有一次，老公參加了場同學聚會，回來後若有所思，竟要跟我探討婚姻。這可是稀罕事，已婚男人一向擅長探討汽油和利率的漲跌或各國發生了什麼政治事件，但這次不同，他看起來好像突然長大了。

他說他們的同學會是當年幾個關係好的大學同學每年定期的小聚，從一開始的十個光棍聚會，到後來大家說好有了老婆也要帶來，女朋友不算，必須是已經登記的。逐漸地，桌上男女比例開始持平。聚會最熱鬧的幾年，兩大桌都快坐不下了。再後來，有的說家裡的小孩沒人帶，於是他們還帶了孩子。再後來，帶老婆孩子來的越來越少。直到昨天聚會，你猜怎麼著？

又成了十個光棍的聚會。

他們吃飯的時候還特意聊起這事了，怎麼就如此統一地，像是約好的一樣，大家都不帶家屬了呢？後來他們總結出，也不是不想帶，是太太們沒太大興趣來了，而且她們之間早已形成了小團體，更喜歡女人之間的聚會聊天，呵，多少有點過河拆橋的意思。

不過也好，老夫老妻一起參加聚會，已經到了幾近尷尬的程度，在家都沒什麼話可聊，一起出門時還要裝作互相是對方的知己，好朋友之間再這麼演沒必要。據說同學中有一對夫妻，有次在聚會飯桌上就吵了起來，原因是男的在推杯換盞之後跟兄弟們講述了自己打算裸辭的心路歷程，而他的老婆居然是第一次聽到老公講這事，兩人開始爭辯起來，最後吵到拍桌而去。

唉，本是夫妻間的事，在家都沒溝通，在外人面前才冷不防地瞭解到對方動向，對於中年夫妻來說，這好像也不是什麼稀奇事。

這位現場暴烈的中年男人還跟我老公說：「老三（因為他在寢室排行第三），你們夫妻性格都好，肯定不記仇吧？平時也能經常說說笑笑，不像我們，兩口子脾氣不對盤，動不動就像乾柴烈火，不是那種乾柴烈火，是一點就著、易爆炸的乾柴烈火。」

我老公說：「我們夫妻倆是表演型人設立成功了，我們在家不也乾柴烈火，一點就著嗎？」也不知道那種無話不說是從什麼時候消失的，不過仔細想想，以前的無話不說也都是無聊的話，正事沒幾件，後來正事多了，孩子啊、工作啊、身體啊等等，正事一多反而不怎麼聊了。

他還聊起了他的一個男同事，據說在公司裡頗受女同事歡迎，新來的實習生妹子，不到三天已經請他幫著參謀買車了。他是真的受歡迎，看起來對女性溫柔體貼、知冷知熱、幽默，勁兒還特別大，一看就知道身體素質和心理素質都極強，但他老婆跟他提離婚半年多了，他就拖著不離，原因是他找不到原因，只覺得他老婆沒事找事。

我老公對此百思不得其解，他捧著我新買的恐龍馬克杯，泡著八二年的板藍根，抿一口，說：「怎麼板藍根都比以前苦了？我還是想不通，他那麼受女人歡迎，怎麼還是照樣落得個被離婚的下場？女人的思路和男人的視角可能真是不一樣的，這有點像數學了，不懂就是不懂，怎麼講都不懂。你看啊，你們女人吐槽老公是直男，不懂女人，可結婚前你們也沒有在意這些啊，怎麼一結婚反而比談戀愛時要求還高。對你們的一些吐槽，說真的，我經常覺得很莫名，也很無聊。這些小事值得鑽進去想那麼多嗎？但結婚多年後我們這些男人也多少有點體會：重點不是值不值得，而是到底誰應該退一步。社會上有種聲音說『只要男人夠好，婚姻多數是幸福的』，這不就是說男人應該做那個在婚姻裡首先退一步的人嗎？從這個角度來說，倒不一定證明男人一定有錯，反而可以證明男人在婚姻裡更難，更需要犧牲自己啊！想當年，我們不也曾是彼此的心腹嘛，現在我們都淪落成什麼樣了。」

也許是板藍根度數到了，輕易不聊婚姻的男人，一旦聽他們聊起婚姻，就好像一個文學系教授聽一個幼升小的孩子認真地咬文嚼字一樣，又覺得好笑、幼稚，又不太忍心打斷。

其實說到我們曾是彼此的心腹，我沒覺得。說是心腹大患，還有那麼點意思。

這種問題我也被問到過，有次我在海南島的三亞市參加活動，有位很年輕的讀者問我：「十三姊，你和姊夫平時相處也和文章裡一樣嗎？是不是在家裡也整天瘋瘋癲癲、嬉笑怒罵？」

你是不是也覺得這是個好問題？但是，整天瘋瘋癲癲、嬉笑怒罵難道正常嗎？設想一下，婚後十年的兩夫妻，如同校園戀人一般，世界無他物，眼中只有你，嘻嘻哈哈、纏纏綿綿，顧不上晚飯的菜還沒買，孩子的作業還沒打卡，即將到期的車險還沒落實，貓砂盆裡的屎還沒鏟。這不像騷動的愛情，像病友切磋武藝。

但這個問題有點不好回答。我說不是吧，怕她美好的幻影破碎崩塌。我說是吧，又怕說瞎話遭雷劈。我只能對她說：「哈哈哈哈哈，你小孩上幾年級了？」然後她立馬忘了剛才的話題，開始跟我談教育了。

一瞬間，話題從無解的酸腐上升到高尚的大格局，就像中年婦女把重心從老公身上轉移到孩子身上一樣猝不及防。

由此我又總結出一條人生哲學——對中年夫妻，大家不要問「你們在家歡樂嗎」、「你們每天都很恩愛嗎」這種類型的問題，請記住一個原則：**大部分中年夫妻的婚姻其實差不多，呈現形式雖然可能多樣，但實質只有一種——還沒離。**

這就是婚姻的張力與彈力，能屈能伸的夫妻關係才能持久，天天歡樂或天天不快樂都是一種病態。

據我所知，很多結婚多年後仍自稱「我和老公無話不說」的女性，主要原因就一個：她們的老公是「女性之友」，俗稱「會聊天」。

「無話不說」這事是要看運氣的，就像買彩票，你買到一張「女性之友」，恭喜你中獎了，如果買到的是「聊天殺手」，你就慢慢不想說話了。所以別以為「無話不說」是因為自己很善於溝通，其實你只是中獎了。

就這麼說吧，有的女人結婚了，比單身還寂寞。比如我的一個朋友，她的女兒膝蓋疼了好久，她跟老公商量帶孩子去做個核磁檢查，她老公說：「沒必要，跟我打太極，多練練站樁就行了。」

已婚女性的溝通常態：溝通了個寂寞。然後她自己帶著孩子檢查、治療、做復健，全套下來自己成了這個領域的專家，她又懶得去跟那個滿嘴都是太極的老公解釋這一切。

已婚女性解決溝通問題的方式：自己扛下了寂寞。

如果說各位結婚是為了擁有一個靈魂伴侶，那我負責任地告訴你，你想多了，大多數人結婚只是有了個肉體伴侶，而且過不了幾年，肉體就和靈魂一樣，有沒有伴侶都差不多……

我和女性朋友一天說的話和產生的共鳴與互動，可以碾壓我和孩子他爹半年的量。幾乎可以下結論：我就靠和同性朋友聊天來維持語言能力。如果哪天把我和我老公

放逐到孤島上，我會訓練出和海龜對話的能力。如果我們一起被流放到黑龍江的邊疆寧古塔，我可能會和寧古塔成為知己。不是我不想和他吐露心聲，而是綜合分析下來我發現：不吐露的CP值更高一些。

和那位打太極的先生一樣，我家雲配偶「一招斃命」的功力也不淺。我在聊天群組裡和媽媽們熱烈討論選校問題、高中考試政策、綜合評量方法、教育方針、十年大計。為孩子的培養之路尋找指路明燈之際，他說：「你別玩手機了，我襪子呢？」「玩手機」已經和「缺乏運動」一起戰勝了「多喝熱水」，成了直男標籤。

婚前你儂我儂尚且受不了一句「多喝熱水」，婚後穩定的兄弟情怎麼可能願意聽他的「玩手機」和「缺乏運動」呢？但更寂寞的是人家也不是真的關心你是否玩手機傷身體、缺乏運動不健康，久而久之你會總結出一個真理：比起關心我，配偶更關心國際局勢。

我跟配偶說，我們家燈有點暗該換換了，他跟我說了半天某國領導人；我說有一把椅子晃得厲害該修修了，他跟我講了一下大盤走勢；我跟他說我想靜靜，他開始在我耳邊循環提問「為什麼兒子最近寫作業寫到那麼晚」，中間還時不時穿插兩句「我襪子呢」……

於是這就導致很多女人跟老公交流講究的是簡單、高效。說的話字數越少越好，時效性越好。所以，在當代婚姻中，大家更追求效率和安全。

大多數情況下，你若閉嘴，便是晴天。

古人云，夫妻當相敬如賓。我到現在才開始懂得古人的深意，他們的意思是：你倆反正也不怎麼熟了，何不把對方當成客人？**其實古人是為了放過自己啊！**

確實不怎麼熟，我老公有次看到我已經剪了三週的頭髮說：「咦，你頭髮怎麼了，是掉光了嗎？」呵呵，我沒生氣，更懶得解釋，我們這把年紀，甚至連吵架都懶得吵。你醞釀了幾個小時情緒，在心裡打了六遍腹稿，聲情並茂跟他吵四十分鐘，你會發現，你不過是吵了個寂寞而已。

就算吵架吵贏了，他也未必聽得懂，我勝之不武。更何況他會抓住你吵架時的語病、不分前鼻音後鼻音、有幾句話重複了三次以上等小問題來切入，但絕對不會想明白你吵架的中心思想和訴求是什麼。他彷彿是在向我證明：**老公這種生物，身體和靈魂總有一個在馬桶上。**

而婚姻告訴我們，吵架有時候也只能吵個寂寞，有時候我們生氣不是因為吵架了，而是因為沒吵架……畢竟人到中年，生氣也要生在刀刃上。

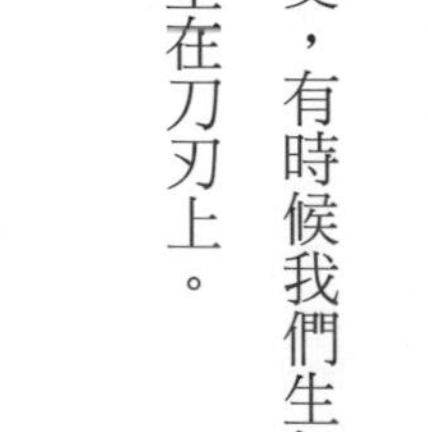

其實女人也不指望配偶能多懂我們，只希望兩個人是生活的盟友。結果呢，他成了對方辯友。

如果我試圖跟他探討兒子的課外補習，他會說「你累不累啊」；如果我試圖跟他探討我為什麼經常頭疼，他會說「你的毛病就是胡思亂想想出來的」；如果我試圖跟他探討特賣會和各項優惠活動，他會說「你不頭疼啦？」。

但你把這些話說給閨密聽，她第二秒就給你介紹好了特級教師和專家門診。

所以，同學會從熙熙攘攘成雙成對到孤芳自賞回歸光棍，這就是婚姻的本質，沒有什麼可談可悲的。從安徒生童話故事到八點檔狗血劇，也就一張結婚證書的距離。

但也不必因此而恐婚，反正你不結婚也寂寞。結了婚至少能造個小孩出來給你孤單的生活增加一絲情趣。

費腦的兄弟

女人是一個人記全家的事。

男人只需要記住一件事：有事問老婆。

有個週末和一個朋友去看展，看到一幅油畫，大致內容是一個禿頂的中年男人正在廢墟（垃圾堆）上奮力地翻找著什麼。朋友說：「這怎麼有點像我老公？」

我說：「你老公也喜歡撿破爛啊？」……咦，我為什麼要說「也」？

她說：「你不知道，我老公經常在社區垃圾分類站旁邊撿一些大型物件，什麼別人扔掉的鐵器啊、殘缺不全的工具啊、木頭桌椅邊角料啊，還有鐵絲、小五金件、瓶瓶罐罐……」

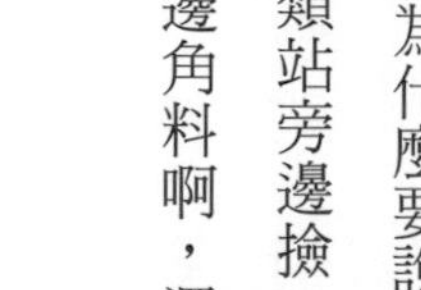

已婚男人恐怕是不撿破爛會難受。我們家十三姊夫有時興奮地衝進家門大喊一聲「看我帶回來什麼寶物了！」我激動地衝過去一看，他神祕地攤開手掌，裡面藏著一個不知從哪兒撿回來的彈簧片。「我做的智能太陽能手電筒就缺這個了，嘿嘿！」

這屆配偶到底有多會過日子，已經到了難以想像的程度。不過這也不是什麼問題，已婚的女人其實更會過日子。

有次我老公不知道哪根筋不對，居然在七夕那天帶回來一枝花。問了一句才知道，原來是他在辦公大樓裡碰到認識的物業工作人員，不好意思拒絕於是填了個問卷，花是填問卷送的！

聽到這兒我鬆了口氣，竟然有一絲愉悅：「嗯，不愧是我老公，絕不讓中間商賺差價啊！」一般來說，達到我們這種境界的老夫老妻，人生如戲，都不知道自己是在表演「豁達無所謂」還是真的不愛搞儀式感了，但至少有一個好處，就是不費錢。

可上帝給你開了一扇窗，必定會同時關上一扇門啊！享受到了「不費錢」的鋼鐵兄弟般的和諧生活的同時，就要承受鋼鐵兄弟般的硬派相處之道。

很多時候，女人在一段關係裡就很想要一種儀式感，而把自己活成「大哥的大哥」

之後，別說儀式感了，連存在感都沒有，更別提舒適感了。

當你家有一個直男配偶的時候，意味著什麼？

意味著費腦子。我前兩天問幾個媽媽：「你們平時和老公溝通有障礙嗎？費不費腦子？」有位媽媽回答：「他接小孩兩次，走錯校門一次、記錯時間一次，還要生氣地問我怎麼不告訴他，我說告訴過了，他說：『你怎麼不多提醒我幾次？』」

婚姻裡的大事小事，尤其是和孩子相關的事，女人的腦子是一個人記三個人的事，而男人的腦子只需要記住一件事：有事問老婆。

要說配偶的這種表現是對老婆的一種依賴，那也說得過去，但比起這種費腦子，還有一種費心更容易讓人抓狂。

比如應對雙方父母時，按常規操作，每對夫妻都應該是演技第一，但直男配偶卻不一定能演好每一場戲。

有一天，我媽突然要帶著七大姑八大姨來我家玩，我放下一切手頭的事，衝進客廳、廚房、廁所，開始搶險式打掃。她們推門而入的一刻呈現出絕美畫卷，就在長輩們對我們乾淨整潔的家表示出讚嘆之情時，孩子他爹一臉真誠地說：「剛知道你們要來，我們臨時打掃的，把亂七八糟的東西都藏到床後面去了。」

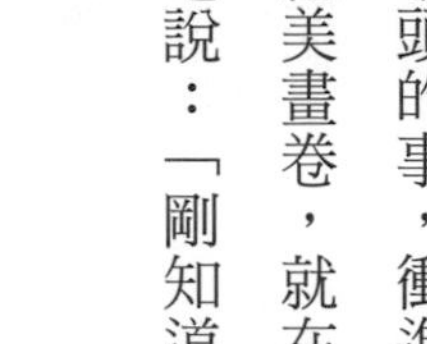

也許這就是真正優秀的婚姻吧，坦誠、自然、接地氣、不造作、不虛偽，就是真的有點讓我頭髮快拔光了……

難道鋼鐵直男真的對老婆就沒有表現過一絲愛惜嗎？也不是完全沒有。

有一次我洗碗的時候哼哼唧唧，我說：「這個洗潔精好像有點傷手啊，我這粉嫩光滑的小手洗幾次碗會不會就粗糙了，手是女人的第二張臉啊……」

孩子他爹一聽，馬上衝過來，緊張兮兮地說：「哎喲喲，快點把手沖乾淨，別洗了別洗了……」

我心裡想：「果然，就算是鋼鐵直男也不是一無是處，也是會疼老婆的嘛！」

他帶著我走出廚房，一邊走一邊說：「明天買個不傷手的洗潔精再洗吧。」

然後那一摞碗就在那兒堆了一晚上，第二天我又洗了一遍。

這就導致我構思了一個「家務分工」的問題。於是我跟他討論如何分工，他一開始囉哩囉嗦，要麼是沒空，要麼是做不好，理由很多。

後來我說：「那你負責教兒子功課吧，家務都我來。」然後他瞬間站了起來：「不不不，做家務這種事應該我來，你負責孩子，家務我全包！」

自從他「全包」了家務，我覺得我的頭更禿了。

洗完的衣服總有落在洗衣機裡沒晾的，洗碗之後總能發現還有兩把勺子在桌上沒洗，桌子上東倒西歪的東西在他擦完桌子之後依然在原位沒動……

本來我多麼大條的一個中年婦女，如今被他的「家務全包」刺激得腦子的天線又豎起來了。

最可氣的是每次他說「拖完地了」，我都能腦子一陣發昏。他指天發誓廚房那一攤汙漬已經擦乾淨了，我鞋底下面沾的東西肯定不是廚房裡黏來的，於是我就把組成廚房汙漬的成分、顏色、氣味做了個表格，和鞋底的東西做了對比。

你說中年婦女的知識結構是怎麼提升的？

都是從婚姻這所學校裡學會的，更是被配偶這種費腦子的生物訓練出來的。

不浪費免費的鮮花券

自己找的老公，
含著淚也要把他帶大。

有一年春末夏初，我老公連續四週，每週訂一束鮮花，送貨上門。我相信孫悟空是從石頭縫裡蹦出來的，卻不相信我家這個直男會沒緣由地買花。

第一次是一個週末，我正在清理我家的貓柚子的廁所，突然有快遞送花來。孩子他爹興沖沖地拆開包裝，找花瓶，插花，澆水，撥弄著枝椏，跟個少女似的。我一手鏟著屎一手舉著消毒噴霧，眼睜睜看著一個上百公斤的大老爺在那兒玩花。呵呵，世道變了呀！以前說「世界不同了，男女都一樣」，然而實際情況是：世界不同了，男女還是不一樣，女人在鏟屎，男人在賞花。

等我收拾好髒亂臭的角落，走到那個如世外桃源一般的陽臺，發現一大一小兩位直男已經在討論諸多專業學術用語，什麼落葉灌木科、奇數羽狀複葉、耐寒耐熱性、花瓣能不能吃……

看到那一幕我是很驚恐的。出什麼事了？為什麼這個千年大直男會突然買花？俗話說，如果一個中年男人突然開始健身，他不是得了三高就是……就是……你懂的……那麼，當一個鋼鐵直男本鐵、對買花這種事向來嗤之以鼻的中年男人突然買花，意味著什麼？是人性的扭曲還是道德的淪喪?!是審美的突變還是野心的膨脹?!是陡然的良心發現還是做了什麼虧心事欲蓋彌彰?!花瓶中懸疑重重，神色裡迷亂匆匆，是什麼使得這個男人如此反常？背後又隱藏著哪些不為人知的祕密？讓我們一起走近科學，啊呸，走近直男的世界。

我正在糾結應該採取怎樣的方式應對，是簡單粗暴地打破砂鍋問到底，還是迂迴戰術設局引蛇出洞？是嚴刑拷打屈打成招還是動之以情曉之以理？正在此時，他主動說出了真相——他在抽屜裡翻出了一張快過期的鮮花卡，不想浪費，就訂了花。本來這個解釋挺合理的，並且體現了他會過日子的優秀品質。然而四週過去了，我又覺得不對勁，越想越氣。

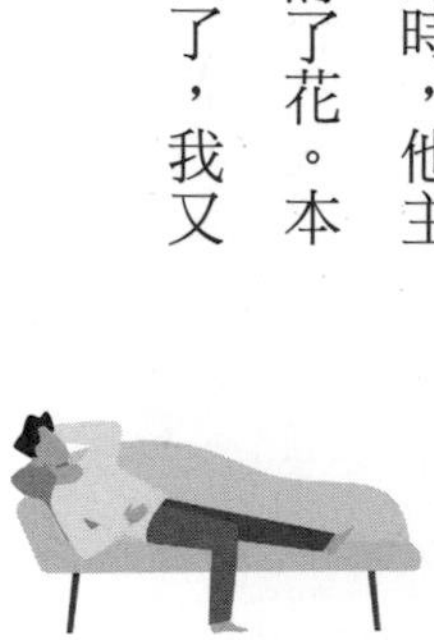

他一共訂了四次花，每次都是週末，不疼不癢的日子，完美而巧妙地錯過了婦女節、愚人節、母親節……你哪怕選在「不打小孩日」或者「國際家庭日」訂花也是別有一番情趣的啊……最後一張券也被用完了，他就偏偏不能多等幾天，等到「五二〇」那天再訂難道不香嗎？專挑什麼節都不是、什麼紀念價值都沒有的日子訂花。

所以這些花對這樣一個直男來說，就是「別浪費免費券」的報復性工具，不具備任何意識形態上的作用。千年直男的邏輯至死不渝，雷打不動，很是欠揍。即使有了鮮花的襯托，就算有了免費卡券的幫助，他也很難達到浪漫的邊界。送上門的鮮花卡，都能被利用得天衣無縫地「不討巧」，也是一絕。

正所謂「上帝為他關了一扇門，又氣得再關了一扇窗」啊！

有人說「愛對了人，每天都是情人節」，但實踐證明：「對大部分已婚人士來說，每個情人節都是星期一」。

更可笑的是，在看到鮮花的第一秒，我居然有了一種幻覺，我想：「哇，有人給我送花，撒狗糧（放閃）的機會終於來啦！」當時那把狗糧離我只有〇・〇一公尺的距離……沒想到在〇・〇一秒之後，狗糧就打翻了。如果再給我一次機會，我要對狗糧說四個字：去你的吧。

男人的情商與智商的比例很有可能是一：二五〇，比如訂花這件事，你好歹借花獻佛，假模假樣地說一句「我給你訂了一束鮮花」，這很難嗎？但男人說話只有字面意思，否則就不說。他確實不是為我訂的呀，他是為了不浪費免費券、為了節省、為了會過日子、為了不便宜了商家……總之，有一百萬個理由，但其中沒有一條是「為了給老婆一個驚喜」……

說到直男與浪漫背道而馳，真的超出大多數人的想像力。

我記得兩年前有一天健身房發來一個消息，要送每位女性會員一束玫瑰花，讓我去領。我當時很忙，就想讓老公去拿。他問是什麼樣的玫瑰花，我說不知道。他又問為什麼要送，我說不知道。他又問拿回來放哪，我說不知道。他又問了二、三十道開放性問題。你可能很難想像一個具有巨大邏輯漏洞的大腦中，存在著多少這樣「多餘的問題」。

而女人，往往會因為那麼幾個「多餘的問題」被弄得心情全無，只想撒手走人。我剛想說「算了，我不要了」，突然他對兒子說：「走，一起去給你媽領玫瑰花去。」我心裡一陣竊喜，嗯，雖然廢話有點多，但還是能做事的嘛。這時兒子開始問：什麼玫瑰花？為什麼要送玫瑰花？……呵呵，這就是所謂遺傳嗎？不，這應該是一種

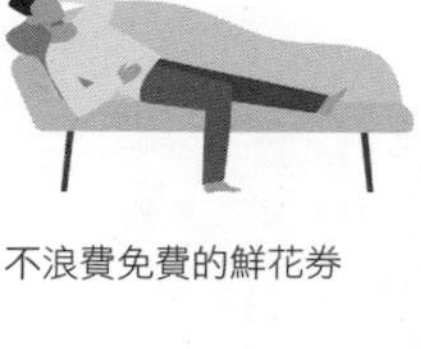

信仰的傳承，屬於「非物質文化遺產」。

接著，他倆開始把話題延伸了出去，從商業戰略到植物百科，從物種繁殖到垃圾分類，然後卡住了。他們開始爭論花屬於什麼垃圾，按照「豬能不能吃」來分類，說玫瑰花的主幹是帶刺的，豬不能吃，吃了會刺傷牠的食道……我只想要那束玫瑰花，這和豬的食道到底有什麼關係啊？討論豬的食道討論了半小時，我終於說出了那句從一開始就應該說的話：「算了，我不想要了。」

到底是誰阻礙了我們女人的浪漫精緻生活？是垃圾分類、是豬的食道，還是不解風情的一對直男父子？在他們眼中，豬的食道健康與垃圾分類比我擁有自己的一束玫瑰花還重要呢，這就是傳說中「鐵打的親情」吧？

本來在這個家，我只擁有一個大哥，現在已經擁有兩個了。我們一家三個「純爺們」不配擁有鮮花，除非他們又在小角落裡發現了什麼免費的鮮花券……

這也是最令人抓狂的一件事：兒子隨爹。有什麼樣的直男爸爸，就有什麼樣的鋼鐵兒子。

別人家的小孩，天天甜言蜜語，母親節還做卡片給媽媽。我家直男兒子你猜怎麼著，母親節第二天，他看電視「網友別出心裁的母親節禮物搞笑集錦」看得笑翻過去，卻愣是沒覺得他並沒有給他媽我送什麼禮物啊。我厚著臉皮問：「你打算送我什麼呢？」他說：「字典。」

嗯，只要生對了小孩，每個母親節都是週二。為什麼是週二不是週一？你忘了嗎？因為週一是情人節啊……

幸好我不是特例，我好朋友的兩個兒子，今年為了「誰送康乃馨給媽媽」打了起來，媽媽感動得不行，說：「別搶，你們每人送一枝不就得了？」他倆說：「不行啊，我們就撿了一枝啊！」

雖然我聽了這個故事很開心，但我還是要安撫她：「你兒子已經很好了，我昨天塗了個新買的口紅，問我兒子好看嗎？他說：『你怎麼這麼娘娘腔啊！』」然後她也開心了起來。這年頭能哄女人開心的只有別的女人了。

在持續N年的「多餘的問題」和「缺席的浪漫」相映成趣的磨礪中，我們真的知道了一個真理：想要什麼就自給自足，指望男人多半只會受驚嚇，並且他們還覺得自己非常有道理。

比如兒子小時候，我讓孩子他爹給寶寶沖奶粉，我說「溫度別太燙」，他問我「那你要幾度？」當時我愣了好幾秒，去思索到底該如何回答這個問題。我要幾度？我

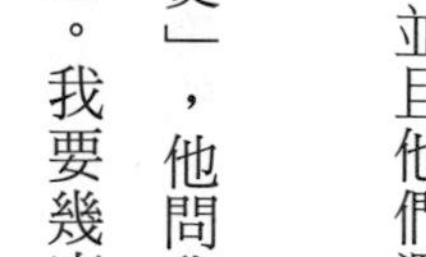

如果說出一個具體數字，他是不是會找一個溫度計伸進奶瓶裡測量一下呢？後來我說你倒一點在手背上試一下差不多就行，他說「每個人的皮膚對溫度的敏感性不一樣，我覺得燙有可能你覺得正好，你覺得涼有可能我覺得正好……」這真的是一個非常嚴謹的爸爸啊！

理科直男適合去生一個機器人小孩，充電的那種，充到百分之幾可以精確掌控，還可以往孩子腦子裡輸入編碼。在那個世界裡沒有惱人的「差不多就行」、「你看著辦」、「大概」、「基本」……接收指令必須是數字化的、精確值高的，沒有模稜兩可的，更沒有主觀干擾的。所以，為了讓自己不頭疼，很多事我們得「偷偷地做」。

如果你已經習慣了和直男生活，也適應了那種純兄弟情，那麼千萬不要為他們突然的殷勤或示好而動容。

前幾年我一直建議把家裡的一個角落闢成一個小儲藏室來放東西，孩子他爹不同意，說太麻煩。上個月突然語氣柔和地對我說：「我覺得吧，你說的那個儲藏室的計劃是對的，還是女人比較善於規劃，我們好像是挺需要一個儲藏室的。」

我心想：「這人怎麼突然開竅了？怎麼這麼順著我了？」

沒過幾天，他扛回來三套測試設備，其中兩套組裝完畢就能堆滿我的整個書房。

看著那一堆破銅爛鐵，我想說我可以弄一個儲藏室，把你鎖在裡面，每天給你餵滾燙的小米粥。

但實際上我們也只敢想一下，不能真的實踐，畢竟自己找的老公含著淚也要把他帶大。

並且別試圖改造他，應該感恩，這麼多年了他還沒有毀滅我已經是手下留情。

老公的情緒價值是負的

與其費盡力氣調教老公，
還不如降低期待。

聊聊「情緒」這件事。

最近孩子他爹老是把這個詞掛嘴上。以前他不這樣，也許是承蒙中年危機的浸潤，他現在喜歡從腦子裡扒拉些不常用的詞彙。

男人一旦上了點年紀，說的話反而容易中聽，這就是我為什麼一直珍藏著那本一九八二年的安徒生童話：《老頭子做事總不會錯》。

這世界上最難的事之一是「情緒穩定」，女人是情緒動物，嚴謹點說「大部分女人」是，這個我們沒法否認吧。

我很難相信那些影視劇裡的鬼扯，最近有人推薦我看電視劇《大考》，推薦理由是「學學人家主角周博文他媽」。

我特意去看了周博文他媽，這位大姊情緒穩定到何等程度呢？就是她老公可以二十四小時打遊戲，她自己開個小吃店從早忙到晚，忙完了還要問老公「你累不累啊，餓不餓啊」，然後獻上一個溫暖的抱抱，給他老公精心製作宵夜去了……她偶爾跟老公說一句「少打點遊戲」，理由也不是「你不務正業不賺錢只知道玩物喪志我要你這個老公有何用」，而是「讓眼睛休息休息，別把身體玩壞了」……更厲害的是，她兒子看不慣那個爹，整天想方設法讓他做點有價值的事情，父子倆的爭吵打鬧是隔三岔五。當然，最後為了回歸主旋律正能量，編劇硬上價值，還是讓那個爹改邪歸正了。

周博文他媽媽的情緒管理，簡直是已婚婦女的天花板，因為她壓根就沒情緒。天天一副聖母的樣，把老公當嬰兒照料，同時還要輔以溫暖的情緒支持，這也許就是中國慈母式妻子能給予男人的最大的「情緒價值」了吧。

我覺得千萬不能讓十三姊夫看到這些，他一定會說「你看看人家」。

老公的情緒價值是負的

也不知道編劇們是如何創造出這種人間聖母的。在我認識的人裡，確實有情緒很穩定的已婚女性，但如果誰能穩定到這種程度，我肯定不會和她成為朋友，這可太累人了。

真實的普通女人的情緒管理是什麼樣的呢？

有很多事，在女人這兒其實原則性不太高，只要我情緒對了，事情就不會太糟。就比如周博文他爸玩遊戲這事，可以玩啊，無傷大雅啊，但是你要是字裡行間覺得我理所應當伺候你，就該拚死拚活養家糊口來供你娛樂，那我情緒就開始不對了，哪有什麼理所應當，我又不是你媽。

所以「情緒價值」這個東西就顯得特別重要，婚姻過了激情期，能給彼此提供的「情緒價值」比情感基礎更重要。

一般說的情緒價值，就是給人帶來美好感受的能力，能引起正面情緒的能力。姊妹們，摸著你們的雙下巴想一想，你們的老公這個能力強嗎？

有一次我在用吸塵器清潔客廳，孩子他爹半臥在沙發上審視著我的工作，我氣不打一處來，嘟囔了一句：「這吸塵器越來越不好用。」

他突然站起來說：「那你放那兒！等會兒給你換一個，上次朋友送的那個還沒拆封呢。」

我氣更不打一處來了。

你把我當保母？你看不到我的辛勞？你眼裡到底有沒有我？你是不是想離婚？

但如果他說：「那你放那兒！等會兒我來！」一切就會不一樣了。

你做不做家務，其實也不是我們吵架的根本原因。根本原因是你沒能讓做家務的我情緒好起來。

已婚人士的一生，大部分時間都要和配偶相處，經歷類似這些細碎冗雜的日常，更別說在一些稍微大點的事情上產生分歧時，要經歷怎樣的情緒碰撞了。

他要是不能給你帶來正向情緒價值，那這個人等於沒用。

十年以上的老夫老妻，都快修煉成精了，本來就不存在影視劇裡那種所謂「恩愛」，頂多就是合作共贏，重點是別給彼此添麻煩，也就是能提供點有效的情緒價值。

我高興的時候，你能提升我的愉悅感；我不高興的時候，你能降低我的悲哀。

而不是反過來。

年輕的朋友們，聽我的，找對象時，「正能量」真的是一個重要標準，別覺得這是一個政治正確說詞，真的，一個凡事都比較正、遇事總想著自己盡力去想辦法解

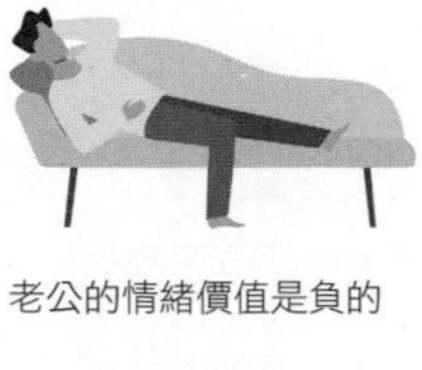

老公的情緒價值是負的

決、希望讓對方感到輕鬆快樂的男人，情緒價值至少是能及格的，哪怕是在婚後。

有時我會思考，為什麼婚後女人越來越喜歡和女性朋友聊天，因為女人和女人之間強大的共情能力會產生出強大的磁場，這裡面包含著取之不盡的情緒價值，跟與男人相處時遭遇的情緒價值形成了強烈的反差。

反正在老公那兒，能得到正向情緒價值的可能性不高。如果我跟他聊生活瑣事，他會帶著一副嫌我聒噪的表情；如果我跟他聊事業規劃，他會露出一副笑我好高騖遠的神色；如果我跟他聊詩詞歌賦和人生哲學，他會開始跟我聊生活瑣事……

有很多姊妹平時總覺得奇怪，老公也沒做什麼具體的壞事，沒說什麼具體的壞話，到底是怎麼讓我們情緒低落的呢？

他們的情緒價值可能是負數。

也就是當你越是心情煩悶，需要一個抒解和出口的時候，他不但當不了那個出口，反而來把你的門關上，還加了把鎖，你變得更悶了。

而很多男人，根本都意識不到自己正在上鎖。

這可能是男女有別的一個死扣，不是說解就能解開的。結婚多年的女人都懂，與其費盡力氣試圖把老公調教成一個情緒價值高分的男士，不如降低對他的期望，多出去走走，和談得來的朋友聊聊，把情緒的漏洞補回來。

豬隊友的價值在哪裡？

和女人聊天讓我整個人充滿生氣，
和老公聊天只會讓我整個人生氣。

眾所周知，有這麼一個群體，週末和節假日是最忙碌的，上班才像放假。她們就是當代硬核老母。

尤其是每個週一，沉寂了兩天的聊天群組因為她們開始上班而起死回生，從天曚曚亮直到午夜，她們在群組裡釋放著說不完的心裡話和數不盡的知識點。每個工作日，不僅是老母親們的假期，也是大家學知識長見識的人生課堂。

那天是週一，我又一次從早上睜開眼就開始追趕她們聊天的步伐。看老母親們的聊天，講究的是眼明手快，你低頭撿個筆的工夫，她們就能從1＋1＝2聊到費米子包立不相容和勞倫茲變換。

不光速度驚人，內容的廣度和深度也是驚人的。

從青春期的自卑與叛逆聊到親子關係的緩和妙招，從初中數學聊到大學哲學，從學習方法聊到豬隊友的共情能力，從工作壓力聊到低期望值……

再從防脫髮和調整睡眠聊到調教配偶，從終身學習聊到環境與人格，從好書推薦聊到強迫症治療……

兩小時就這麼過去了。

接著大家又開始聊人際關係和因材施教，然後是直男、經濟獨立、孕期情緒，緊接著，又聊了一會兒德國男人。

之後她們順滑地切換頻道，開始從理財聊到胸悶咳嗽，再從意外懷孕聊到愛情，從一夫一妻聊到黑猩猩，再從社會資源聊到菁英女性……

一上午就這麼過去了。

她們又開始聊幼兒園、繪本、性教育、電視劇……

然後聊旅行、姊弟戀、全職媽媽、作文、興趣班、恐婚、兩性關係、多巴胺……

再然後聊到了鐘點工、離婚與再婚、脾氣大、雙極性情緒障礙、婆媳關係、高情商……

之後是文化差異、門當戶對、家務擺爛、做減法、電視劇、二寶三寶……

下午茶時間到了，她們就好像是不用進食的人工智能機器人一樣馬不停蹄地繼續聊審美退化、應用心理學、奢侈品專櫃、同性戀、減肥……

然後另一群人加入了進來，話題開始轉向失神癲癇、潛意識、英語口語、瑜伽入門、大病險、焦慮症、閱讀障礙……

過了一會又來了一群，開始討論高中考試改革、重點高中職業高中和普通高中、獸醫、醫美、早戀、網路遊戲、空心病、戀愛腦、物理題、脫毛……

幾個小時又過去了，一轉眼到了黃昏。

她們的話題轉到了心率監測、羊毛大衣、中醫號脈、姨媽混亂、黃耆生脈飲、牙醫、預防近視……

晚飯吃完了，她們的話題依然源源不斷。

我一邊吃著晚餐，一邊看著群組裡如海洋一般波瀾不絕的知識點，有個姊妹說：

「我在大學裡有自己的獸醫院、飼料廠、奶牛場、三百頭豬的實驗豬場、三千隻雞的實驗雞場，都是理論結合實踐，有人說你們大學生動手能力比不上我們農村大老粗，我現場給他們閹了兩隻大公雞，說我做畢業論文殺了七十五頭豬……」

好傢伙，我是真的為你們感到自豪啊。

這真的已經超越了普通閒聊的等級，一個群組裡有人做科普，有人講心理治療，有人介紹用藥經驗，有人分享怎麼提高孩子的成績，更有人手把手教你如何提高老公的家務積極度……

短短一天之內的聊天，我可能要用整個下半生去沉澱這些知識點。

更神的是，我試圖從中找出某一個話題來跟十三姊夫聊一聊，想來想去也沒想好聊什麼，不是覺得他不懂就是覺得他不懂。

你看，我們不得不又開始思考這個終極問題：豬隊友的價值在哪裡？

尤其是與我們身邊的女性朋友相對比，豬隊友是既沒有情緒價值，又沒有情緒價值。

而這些媽媽之所以在群組裡跟姊妹們有這麼多話可聊，也可以說明在家憋壞了，老公根本不是一個好的聊天對象。

前陣子我跟孩子他爹說：「我今天去醫院，發現那些看病的男人基本上都有個女的陪著，但那些看病的女人基本上都是一個人，她們是不需要人陪嗎？這屆女人太強，導致男人更不體貼了！」

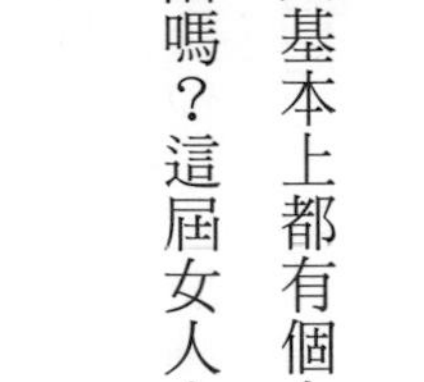

豬隊友的價值在哪裡？

孩子他爹沉默了三秒，緩緩飄出一句話：「你去醫院居然有停車位？」

你永遠不知道他的腦迴路是怎麼形成的，好像是小學老師沒有教過他一段對話的重點到底在哪裡，以及什麼時候應該說什麼話去接應對方拋出來的話題……但真的，他大多數時候都能十分巧妙精確地避開所有你想要跟他交匯的點。

就因為交匯點都被避開了，所以男人真的教不會。

在腦迴路這方面，男女有別，也強求不得。

既然教不會，**很多時候「不說話」就是最好的婚姻穩定劑。**

還是我曾說過的那句老話：和女人聊天讓我整個人充滿生氣，和老公聊天只會讓我整個人生氣。

當我跟老公說「我對最近的狀態不太滿意」，他會說「你就是缺乏運動」。

當我跟老公說「我這幾天睡眠不好」，他會說「你就是缺乏運動」。我胃口不好，他說我缺乏運動。我不想工作，他說我缺乏運動。如果你因此不開心，他也會意識到錯誤，不會再提缺乏運動，然後說你是玩手機玩的。

我也是經過了好多年的沉澱和思考，才總結出「鋼鐵直男是很難提供情緒價值的一種生物」，但本著道義，也不能因為人家有這方面的缺陷，就放棄探索人家的其他價值。

在尋找老公其他價值這件事上，我也廢了很多功夫，哦不，是費了很多功夫。

我家一個廁所前陣子總是有菸味，我猜測是樓下鄰居在窗口抽菸，菸味飄了進來，但我關了窗戶也沒用，菸味持續進入，弄得我很抓狂。

如果是在幾年前，我會立馬自己解決這個問題，排查原因，找到辦法，一氣呵成。但現在，為了探索老公的價值，我一邊忍受著每天的菸味，一邊持續不斷地把我的抓狂輸出給他，一見他就拋出「我快被熏死了」和「這房子沒法住了」等等巨大的PUA詞彙情勒。讓他知道一個道理：「我不舒服，你也別想舒服。」

然後呢，他迫於我天天抱怨菸味的壓力，終於弄來了密封條，把整個窗戶從頭到尾貼了一遍。果然！從此再也沒有菸味了！

你看，老公的價值這不就出來了嗎？

我當然是稱讚了他。

緊接著，為了享受這種被稱讚的快感，他又打算給空氣清淨機換個濾網，趁著狀態良好，持續證明自己的價值。

這種換濾網的事，在我意識中也就是三分鐘的事。

但你能理解鋼鐵直男的思維方式嗎？人家為了體現更大的價值，把整台空氣清淨

機全拆了，理由是：「我要把裡面每一個螺絲都消毒和清洗一遍。」

那也行啊，但你拆完了得裝回去呀！

一週過去了，這個被拆成骨架的空氣清淨機，仍然以零部件的形式散落在我的陽臺上。

又過了五天，在我一再地催促下，他終於開始進入組裝環節，但裝到一半又停工了，原因是「少了兩個螺帽」。

大哥就這樣全副武裝地抱著他心愛的空氣清淨機觀摩，再觀摩，也許覺得這樣觀摩一晚上，兩個螺帽就能從天而降。

這個本來我自己三分鐘就能換好濾網的空氣清淨機，在他手裡變成了廢銅爛鐵，還不知道什麼時候才能用上。

但仔細想想，也不能一張嘴就否定他，只能去接納和等待，如果有情緒，就去女性朋友那兒找找出口和答案。

果然，從早到晚不間斷輸出的中年老母精神治療群組裡，一定會有你想要的某種答案。

把隊友當成你的資源，資源不好就適度優化升級，優化不了就去挖掘他能成為資源的其他的點。價值足夠高就妥善使用，價值很低就學會兼容。

如果說女性朋友帶給我們的是不斷向上的追求與進步的可能，那麼老公帶給我們的也許就是練就不斷向下包容的博大胸懷。

向下尋找他的價值，也許就是向內探尋我們自己的一部分，這可能就是我們成為一個更完整的人的必經之路吧。

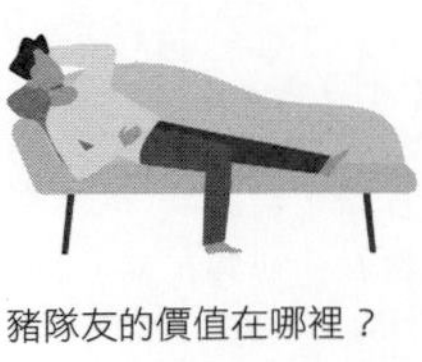

豬隊友的價值在哪裡？

結婚的好處

無論男女，
「結婚的好處」都是一道送命題。

我的心理學教授很欣賞我做的「性格優勢實踐反思報告」，說我寫得「有特色」，邀請我週末給同學們做分享。

誰懂啊！這可比我兒子的老師誇他作文寫得好並邀請他給同學做分享要開心和刺激多了啊！畢竟，我兒子的老師從來沒有誇過他作文寫得好……你看，這個家的寫作擔當，還得是我。

我捧著教授的郵件上躥下跳，決定必須抓住這個機會鞏固一下家庭地位。我掐指一算，家裡的活物就這麼幾個，我得挑個情緒價值最高的，不動聲色地分享我的得意。

於是我在家裡轉悠了兩圈。

最後給我家貓（柚子）讀了一遍教授的信。

這就是為什麼中年婦女應該養貓，你會發現，有時候只有跟牠分享你的喜悅時，你的喜悅才不會被沖淡。嗯，全家最有情緒價值保障的就是牠了。

如果我去跟兒子分享，他的反應可能比柚子更平靜，這會讓我感覺自己作為一個老母親不夠矜持和穩重。

而如果我去跟老公說，他在聽完我激情陳述完整件事之後，可能會淡淡地飄出一句：「聽說了沒，那個誰可能要蹲一百多年的監獄。」

唉，一個不如一個。

不過我反思了，我也有責任。

如果一個中年婦女習慣於優秀，老公和孩子也會習慣於這種優秀，當你炫耀優秀的時候，他們一點也不覺得稀奇，毫無共情。只有當你比慘、吐槽、陷入困頓的時候，他們才會有發揮的欲望。

前段時間，百度網站邀請我參加聊天機器人程式「文心一言」的測試，並且謙虛

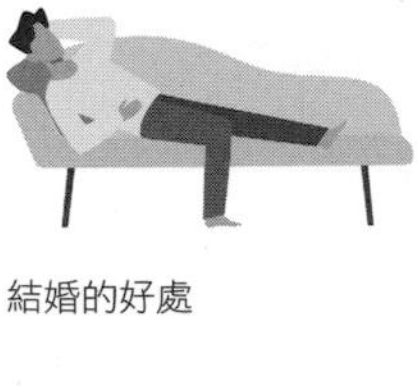

地跟我說：「文心一言還處在訓練初期，希望聽聽你們的意見。」

我想，試試就試試，於是我問了它一個問題：**結婚的好處有哪些？**

然後文心一言就開始思考了。

它的那個小豎標就開始閃啊，閃啊，答案遲遲不出來……它繼續閃啊，閃啊，我就等啊，等啊……我有點慌，它不會回答不了吧？只要它不尷尬，尷尬的就是我啊……它一直閃了足足十八秒……終於憋出了答案。

好傢伙，對一個機器人來說，十八秒已經可以做完一套升大學模擬測驗題庫了，而這位大哥面對「結婚的好處有哪些」時竟然遲疑了這麼久。

情有可原，畢竟從計算機程序邏輯和人工智能倫理要求等方面來講，機器人是不能撒謊的，它不能瞎編，必須編得合理一點。

它給我編了六條「結婚的好處」，一開始，我只是想把其中一些不太認同的地方畫上線。畫著畫著……六條全都被我畫上了……

一、兩個人在一起的話，家裡就變得有活力了。

二、有人陪伴，可以分享自己的喜怒哀樂。

三、家裡會多一雙筷子和一個碗。

四、可以包容對方的缺點。

五、當你變老了，伴侶會照顧你。

六、你們的孩子會把你們當成最好的父母。

果然，它確實還處在訓練初期，不光需要訓練，還需要修煉。你自己看看你說了什麼，多一雙筷子和一個碗算什麼好處？我養隻貓都能多三個碗……

我突發奇想，不如去問一問十三姊夫。

為了引導他積極正面地思考問題，我還特意渲染了一下氛圍，我說：「結婚的好處有很多，你能說出其中一條嗎？」

他想了一會兒，憋出了一句話：「老丈人做飯好吃算嗎？」

行吧，無論男女，「結婚的好處」都是一個送命題，機器人在十八秒內能編出六個好處，已經算真的很溜了。

至於其他幾條「好處」，我覺得其實都是動態變量，比如「有活力」、「可以分享」、「伴侶照顧」……這些都是分時段看場合的。

就像我在家的「分享欲」為什麼越來越少了呢？說實話，「話少」是家庭和諧穩

定的一個重要指標。就像尼安德塔人和智人，他們的家庭很穩定，就是因為語言不通，一天到晚拖家帶口卻閉而不語，才成就了彼此的不離不棄。

老夫老妻話少是真的。

每當夜幕降臨，連亞馬遜平原的凱門鱷都調好了交配的鬧鐘，而大多數中年夫妻卻可能一個坐在書桌邊，另一個躲在廁所裡，各自捧著手機，同時希望孩子有事先去找對方，別找我。

放下手機，夫妻倆相隔幾公尺距離，卻說不上一句話……

早上，中年人睜開眼，打開手機，在朋友圈裡給別人的「每日雞湯」和「打卡減肥」點個讚，卻不會跟旁邊那個人聊聊今天的計劃。

婚姻，一開始確實可以讓人產生分享的欲望，但也會逐漸消磨這種欲望，最終實現徹底的發自內心的寧靜。

有人可能要說了：「既然老公連分享的價值都沒有，為什麼還留著他？」

因為他本身其實就是我們結婚的好處之一。

下面讓我來告訴你，結婚到底有哪些好處。

第一，你會獲得一個知根知底的室友。

如同上下鋪的兄弟，平時維繫感情靠的就是一個詞：義氣。

儘管不怎麼親密接觸，但他們和平共處，互不放棄，只能自己損，不允許別人欺負。就像結拜兄弟，沒事的時候各自安好，有事您就說話。

第二，你會獲得一個懂事、知分寸、講規則的兄弟——「幫不上忙沒關係，能別添亂就行」。

彼此都最瞭解對方的脾氣、喜好，能判斷家庭瑣事和大是大非，掌握瞬間察言觀色的技巧——對方高興的時候，說什麼都行；對方陪孩子寫作業的時候，最好閉嘴，拿起拖把靜悄悄地幹活是此刻最好的選擇。

你若安靜，便是晴天。

在必要的時候出個差、加個班，在另一些必要的時候待在家裡哪兒都不去。至於這些「必要」如何區分，那就是達到這層境界的夫妻才有的和諧祕方。

第三，你還能獲得一個好戰友——有孩子的最大好處，就是鍛鍊戰友的默契。

在經歷了無數個帶孩子的日日夜夜及反覆挫敗之後，我們只需一個眼神就能進行靈魂的溝通——今天你上還是我上？你上？行，那我下次！加油！

看著對方走進孩子的房間一頓排山倒海，內心彷彿又相信愛情了。是什麼能讓一個人「捨身取義」，用自己唱黑臉的方式來換取另一個人的片刻安寧？是中年夫妻的戰友情。

在背後有彼此支持的「帶娃之交」中，我彷彿聽到了孩子的每一聲哀號都是悠揚的「山無陵天地合乃敢與君絕」……

第四，也是最重要的，你獲得了一個參照物。

在婚姻面前，年齡不是問題，體重不是問題，膚色不是問題。那什麼是問題？最大的問題是知識素養水準的參差不齊，導致一個還能在孩子面前地位崇高，而另一個已經甘願望其項背。

如果不是因為孩子他爹是個音樂盲，我的音樂造詣在家裡不會有如此穩如泰山的地位；如果不是因為孩子他爹文科不好，我的作文水準也不會那麼快達到可以指手畫腳的高度。

同理，如果不是我故意在理科方面放水，孩子他爹在這個家也失去了最後一點耀武揚威的可能性。

婚姻最大的好處，是我們那些在外面很難有所成就的東西，在家很方便就有了相互成就的機會，分別獲得各自想要的某些尊嚴和自信。

然而，哪怕再平淡如水的老夫老妻，也會有漣漪掀起的時候。比如我捧著教授的郵件開心很久時，孩子他爹其實也會很好奇地來打聽——

「到底是什麼教授，能讓你如此高興？」

「就是我的寶玉教授。」

「寶玉？還寶玉？哼！」

你看，此時此刻，連全球局勢在他心裡也會暫時失去顏色。這說明什麼？說明已婚女人必須不斷學習進步，提升自己。走自己的路，讓老公追去吧。

我自己的路走得是有點相對得意的，這麼多年，我老公一直兢兢業業地在工作崗位上加班加點，我一直兢兢業業地創業和學習。而且自從讀了心理學碩士，我膽子也變大了，達到突發奇想就能直接給馬汀・塞利格曼（Martin E. P. Seligman）寫封信。

這麼說吧，如果你知道精神分析界有個佛洛伊德，知道物理學界有個牛頓，知道生物進化界有個達爾文，知道網紅界有個人間指南中年摯友叫十三姊……那麼，你就必須知道當代主流心理學流派——正向心理學界的鼻祖和大師叫塞利格曼。人們現在整天琢磨的那些關於幸福、樂觀、同理心、正向情緒、正向教養等等研究理論，

基本上都和他有關。是的，他還健在，和我一樣。

我一頓操作猛如虎，手起刀落，渾身是膽。在給塞老的信中我提出了關於正向情緒與過度樂觀的探討，這是一個相當表皮的學術話題。沒想到，第二天，我居然收到了塞利格曼的回信。

想像一下，塞利格曼一邊微笑著在心裡默念「這個學生真是初生之犢不畏虎啊」，一邊在鍵盤上敲打出了關愛晚輩系列慈祥語錄——「紙上得來終覺淺，絕知此事要躬行」。

不愧是正向心理學之父，一句話就像一篇論文。

這可是我的電子郵箱的榮光時刻啊！我想了想，上一次享有如此榮光，是收到教授的郵件，請我在答疑課上分享優秀作業。再上一次是收到小孩的學校通知，說我獲得了「好家長」稱號……

你看，中年婦女的幾種榮光方式，都在我的郵箱裡留下了痕跡。畢竟像我這樣能在剛讀了十二分之一點五的心理學課程之後就開始跟大師談論學術話題的，多少也算是為中年婦女團體爭光了。

我必須跟所有人分享喜悅，抓住這個機會顯擺一下。遇到這種事，按慣例首先是得發個朋友圈。不出所料，朋友圈裡知道塞利格曼的和不知道塞利格曼的都來捧場了。我的朋友圈裡出現了今年以來頻率最高的「厲害」、「羨慕」、「真棒」、「太強了」……

正當我沉浸在無限快樂之中無法自拔時，唯一的一個不和諧的聲音出現了——孩子他爹在朋友圈裡留下了他的評語：「洗衣機裡的衣服晾一下。」

他醍醐灌頂，他當頭一棒。當所有人都在為你的榮光時刻歎服時，只有你的老公會記得讓你晾衣服。當全世界都在關心你飛得高不高，只有你的配偶會關心你家務活還能不能做好。我老公此刻的座右銘是：她強任她強，衣服還得晾。

在他自己心裡，一定認為他的存在如一盞佇立在海港之畔的明燈，在縹緲無垠的虛空天地之間為我照亮精神的前路，讓我不迷失方向。中年婦女難得有件能得意的事，存在感還沒刷到一半，就會有個空靈又接地氣的來自上帝視角的聲音對你呼喊：別在上面飄了飄了了了了……快回來回來來來來來……衣服還沒晾呢沒晾呢晾呢呢呢呢呢呢……

老天爺讓我結婚，是為了派個男人來給我懸崖勒馬的嗎？

我老公的使命，可能真是上天派來把我從每次修仙成佛的邊界瞬間打回凡人。他還挺自我感動，覺得他這叫不忘初心，砥礪前行。

就連我好不容易瘦了快兩公斤，興高采烈地顯擺一下，他也能說出「過幾天能反彈三公斤」這樣的反饋，總是能巧妙地在我即將迷失於詩和遠方的關鍵點上，嚴絲合縫地糊我一臉苟且，讓我別飄。

人總是慢慢成長的，很多事身在其中時只會情緒化對待，比如以前我就覺得這個男人是個不解風情也不懂共情的大直男，不可救藥。但我們一旦成長了，就會開始反思，也開始改變。

我最近一直在跟大家聊「主動建構式回應」的作業，在做這個作業的過程中，我腦海中浮現出很多我老公的破壞性反應畫面，可惜這個作業是反思「我自己的破壞性反應」。

於是一邊反思我自己的反應，一邊找到了解藥。解藥就是：你要明確表達抗議，還要適時提出訴求。

比如前段時間我練琴，花了很短時間練完一首新曲，我就跟他們爺倆炫耀：「我現在技術越來越爐火純青了。」結果我老公一如既往、不假思索地說：「有什麼用，你又不當鋼琴家。」

我立刻認真嚴肅地對他說：「我正在做主動建構式回應實踐作業，我會盡量對你給予主動建構式回應，也請你配合我提供主動建構式回應，而不是破壞性反應，否則就會影響夫妻關係，破壞正向情緒，嚴重者可導致家庭破裂，分崩離析，毀掉子女一生，萬劫不復，覆水難收，請你自重，並重新組織語言，謝謝！」

好傢伙，孩子他爹也沒見過太大場面，一聽這個，馬上問我：「什麼……什麼是建構式回應，我應該怎麼回應？」

然後我就手把手教他：「你應該這麼說——哦，太棒了，說明功夫不負有心人，相信你只要勤加練習，技術一定能更上一層樓！兒子，看看你媽多有毅力，她是你的好榜樣，你以後要多學習媽媽這種堅持不懈追求卓越的精神啊……」

他們爺倆當時，怎麼說呢，表情中就有一種怕我不來又怕我亂來的感覺。

所以說，不要管老公關不關心你飛得高，你都要自己飛得高。多學習，多拓展自己的廣度和深度，這樣他們就會對你的看法產生很大的轉變，從而進一步鞏固你的家庭地位。

比如，以前我老公會偷偷摸摸跟兒子嚼舌根：「你媽今天有點不對勁，不知道哪根筋又搭錯了。」現在他倆只會悄悄說：「你媽今天有點不對勁，肯定是又開始做什麼作業了。」

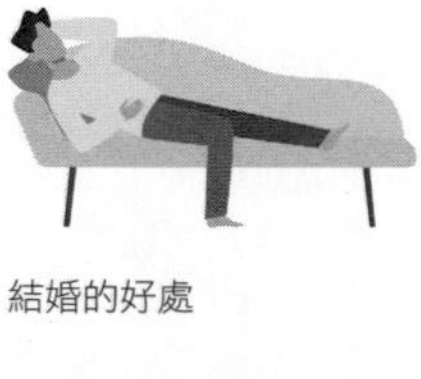

你看，有了知識和理論背景之後，偶爾的隨心所欲都變得更輕鬆了，因為他們可能覺得我是為了完成某項實踐報告而正在做實驗。

所以說啊，大家只知道知識改變命運，卻可能並不知道知識還可以改變配偶和小孩的命運，這才叫真的實現了「學習使我媽快樂」。

喪偶式婚姻

離婚離不了，
喪偶式生活天天過。

我幾乎不太和人探討婆媳問題，哪怕是跟我老公。當然了，這對他來說也是一個禁忌話題。怎麼探討？以什麼身分來聊？聊的尺度和立場在哪兒？已婚男人大多是掌握不好的。

但有一次他上班時特地打了個電話給我，問我：「老婆，你覺得我在婆媳關係裡扮演著怎樣的角色？」我當時就傻眼了，這還是我們家的鋼鐵直男嗎？

他說有個編劇找他採訪，他們正在為一齣苦情戲寫劇本，但好像是太苦情了，苦

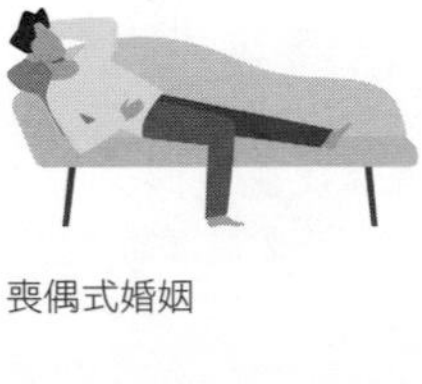

得那個編劇憋不出來，就找了一個已婚男給他講經。那個已婚男也覺得講不了，又找了我老公給他講經……他們聊了一陣之後，我老公突然有了一些感悟，所以打電話問了我那個問題。

我聽了總感覺哪兒怪怪的，好像他們都不苦情，就我老公最苦情似的。

後來他告訴我，那個編劇問了他一些高難度問題，比如「你想過離婚嗎」、「如果遇到第三者，你會選擇愛情還是選擇家庭」、「面臨婆媳問題你會怎麼處理」……這絕不是他擅長的領域，那些編劇美其名曰蒐集素材、體驗生活。真是的，難怪現在的電視劇容易挨罵，從源頭上就是在胡扯。

不過後來他們聊到了「喪偶式婚姻」，而且那個編劇是把我老公約到公司樓下咖啡館裡問的，還給他特意點了冰美式，我老公說他只喝拿鐵，編劇說苦咖啡更有利於理性思索。我老公把那杯咖啡強行喝完，一邊喝一邊跟他聊著「喪偶式婚姻」，心裡比嘴裡還苦。他怎麼就成「喪偶式婚姻」裡的那個「偶」了呢？想想為這個家他也沒少付出過，昨天晚上還給空氣清淨機換了濾網。再看看那咖啡店裡多浪漫，周圍都是一對對小情侶，他彷彿看到那些小夥子步入婚姻幾年後的樣子，這苦咖啡，誰下得去嘴啊！

編劇小夥子說：「你覺得現在女人奇怪不奇怪，很多人都說自己是什麼『喪偶式婚姻』，但她們就是不離婚，這是什麼原因呢？婚姻都形同喪偶了，不離是什麼邏輯？」之後他還吐槽了他的丈母娘、大舅子、大舅子的表弟、老丈人的牌友、老婆的閨密等等。我老公終於體會到女人在一起喜歡吐槽各自老公及其全家的那種爽感，但他始終沒覺得他有什麼好吐槽的，就默默聽著。

我老公心裡只是在想：你看看現在國內電視劇這編劇的水準，自己連個婚都沒搞明白，就要來寫婚姻的劇本，這不就跟沒孩子的人去編寫教改政策一樣嘛，嘖嘖嘖……他只能把我曾經教育他的那段至理名言告訴了那位編劇：「其實很多女人好不容易習慣了『喪偶式婚姻』，也就不怕『喪偶』了，其實她們最怕的是『詐屍』，突然又還魂。你要麼好好做一個『喪偶』的『偶』，但千萬別一邊『喪偶』一邊『詐屍』，確立好自己的人設，一條路走到黑也沒什麼。」

據說那位編劇聽完，五雷轟頂，半天緩不過來。拿著他的小筆記型電腦，瘋狂敲擊，感覺學到了人生有史以來最重要的哲學觀點，一部優秀影視劇眼看就要誕生了。

老公興奮地給我講了這段「兩個男人互相教育的過程」，但是這卻讓我又突然產生了新的靈感：「喪偶式婚姻」真的那麼好用嗎？女人們人人都這麼說，好像男人一個個都沒用。我老公倒是覺得自己用處還是挺大的，起碼提供了孩子對數理化的

興趣！如果說，一個老公沒有滿足老婆所有的要求就被賦予了「喪偶」的標籤，那男人還真是一部苦情戲。

各位，不是我們喪，不是我們負能量，是我們活通透了！現在社會生活節奏快，大家壓力都大，好多結婚多年的女性都在做減法。一般來說，在沒有什麼原則性衝突的前提下，女性真的會以「自己已經習慣了的生活狀態」當作最舒適的狀態，畢竟婚姻裡有很多時候自己也會裝死、裝傻，日子過得平淡不失為一種安全模式，反正也不指望男人。但如果你突然間一「詐」，說不定沒事「詐」成有事，反而毀了來之不易的歲月靜好……所以有很多人會覺得，當我已經很適應「喪偶式婚姻」時，突然想離婚也是沒理由的，沒事找事的。

「兄弟，辛苦你詐一下屍，跟我去離個婚哦……」搞不好把自己也嚇一跳。對方也很錯愕。「我躺得好好的，你招什麼魂？我再躺躺就躺贏了！」

所以大多數喪偶式婚姻，其實表面上是「吐槽大會」，骨子裡卻很堅固，想離婚的時候由於找不著對方，所以一拖再拖，拖了一輩子的都有。

許多年前電視劇《離婚律師》裡的李春華說：「我的字典裡根本就沒有離婚這兩個字，只有喪偶。你活著是我的人，你死了以後還是我的死人……」

當年，此話一出，引發了多少驚嘆，男人們聽了大驚失色，就連女人們聽了也連連稱奇啊。李春華真是一個狠角色，也是一個對婚姻有著獨到見解和決絕態度的女人，敢愛敢恨，容不得有半畝模糊地帶。

後來有不少女性覺得這很酷，很有個性，很能標榜自己的主控權。可也就不到十年的時間，已經幾乎沒有人再感慨李春華的「狠」了。

現在的很多女性再也不用像李春華那樣，要做出一副發毒誓的樣子，充滿倔強和偏激，咬牙切齒樹立和表達那樣的婚姻態度。現在，隨隨便便，輕而易舉，不費吹灰之力，**很多人就已經實現了「字典裡沒有離婚，只有喪偶」——離婚離不了，喪偶式生活天天過。**

李春華要是知道現在離婚還有個「離婚冷靜期」，她的字典裡估計得為這個高價值的東西留一塊地。李春華要是知道現在動不動就「喪偶式婚姻」、「喪偶式育兒」，她當年一定不想「字典裡只有喪偶」。

如今，離婚不是你想離就能離，如果你在搜索引擎中輸入「我的字典裡沒有離婚，只有喪偶」這句話，下面跳出來的不是什麼愛情雞湯婚姻故事，更不是哲學思辨靈魂洗禮，而是無數個幫助你早日實現「離婚夢」的專業指引。

所以「離婚難」是很現實的阻礙，女性要工作賺錢、帶孩子、做家務、統籌安排、

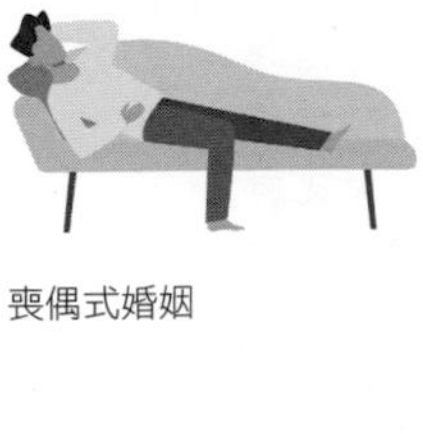

提升自我，要是沒什麼原則性問題，還真沒空去離婚。

何況是眼裡充滿儀式感的女性，有人甚至覺得離婚應該和結婚一樣，是應該大鳴大放、大吵大鬧的。就像婚禮上要介紹一下戀愛過程一樣，離婚時也要生動演繹一下夫妻反目、八卦祕辛、狗血劇情，這才叫完整的大結局。

稀裡糊塗地離婚，就和稀裡糊塗地結婚一樣，都是沒事找事。

離婚的成本也包含了這些七七八八的，要是沒什麼至關重要的，只是因為「喪偶式生活」就離婚，這不是身在福中不知福嘛。真給你個「不喪偶式」婚姻說不定你會更抓狂，因為太不清靜了。

有個朋友在很久之前跟我說過：「我不能接受沒有愛情的婚姻，你呢？」我被她問得一愣，不知所措，說「能接受」顯得我很沒原則，說「不能接受」就好像在證明我沒離婚是因為仍沐浴在愛河之中。神經病啊，我不要面子的啊！

於是我只能先反問她：「那怎麼辦，沒愛情了你還能宰了他不成？」她若有所思地說：「對啊，我寧願宰了他也不能允許我的婚姻沒有愛情。」

我信了，因為我也見過好多女人在結婚前都有「李春華情結」，眼睛裡容不得沙子的那種。

後來這個朋友結婚了，有了孩子，孩子也不小了，我有次冷不防地問了一句：「你老公呢？」她頭也不抬地說：「不知道死哪兒去了，釣魚的時間比在家的時間還多。」我說：「哎呀，愛他就要包容他的缺點，支持他的愛好嘛！」她說：「愛什麼愛，湊合過得了，難不成要離婚嗎？」

你看，婚姻是最好的精神修煉學校，就像這個當初對婚姻和愛情抱有「毋寧死不苟活」態度的女孩，最後自己解答了自己的問題，這才是真的領悟了，成長了。

單純的女人之所以單純，只是因為火候沒到。

幼稚的女人之所以幼稚，只是因為歲數還小。

沉迷愛情的女人之所以沉迷愛情，只是因為還沒結婚。

能改變一個女人的愛情觀和婚姻觀的，不是什麼大道理和薰陶，也不是什麼勸解和寬慰，只是需要一點時間和隨著時間流逝卻沒辦法逆轉的那些決定。

現在的女性獨立性更強了，已經擺脫了因過度依賴而產生的委屈，也不怕離婚後帶來的改變。有個朋友說，當她們在同學聚會時寒暄「離了嗎」、「還沒呢」、「還過著呢」時，大家都感覺很鬆弛和愉悅。能夠真正大方地談論各自的婚姻，也是當代女性的一種教養。

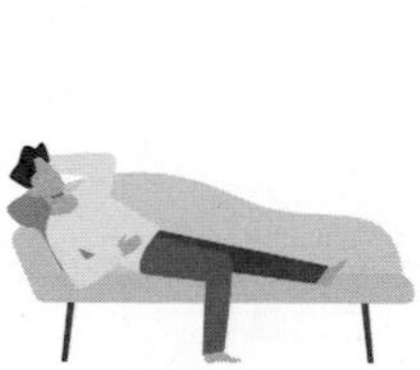

婚姻的「褲腰帶」：孩子

孩子至少可以讓婚姻的褲子不掉，保住最後的倔強。

婚姻伴隨著孩子的長大，會趨於成熟而且神不知鬼不覺。三年前我還能指揮兒子整理行李，如今我已經插不上手，唯一能展現我剩餘價值的是找出《拜倫詩選》和《蜘蛛人：返校日》放到他的書包裡，以彰顯我是一個文武雙全且不追成績的老母親，不像別人家媽媽給小孩帶的都是數學卷子和英語閱讀……

我的自我感動還不到十分鐘，發現那兩本書又被兒子放回了書架。他把《綠色電化學耦合》塞進了書包。好傢伙，兒大不由娘，他如果不是想在軍營裡扮演「絕命毒師」，那就一定是只想帶一本有助於快速入眠的書。

早上我起來送兒子，眼睛裡閃爍著慈母的光輝，看著眼前這個即將離開我們出去獨立生活的孩子背上行囊，我心裡的ＬＥＤ電子螢幕開始滾動播放了：你磨蹭什麼呢，還不趕緊走?!

從老師的前方報導中可以看出他們奔向詩和遠方很快樂，但老師不知道，更快樂的是我們。就連我回到家準備開門的那一刻，都有一種刑滿釋放人員即將踏入桃花源深處的感覺。

下面就是我要說的壞消息了——

我一開門，看見孩子他爹杵在那裡，唉，我怎麼差點忘了，家裡還有一個礙事的。

我們倆對望了三秒，心中有一萬匹羊駝呼嘯而過，前塵往事，歲月蹉跎，不知為什麼腦海裡響起了電視劇《籬笆、女人和狗》的主題曲，導演喊了聲「這裡要有對手戲」。

他深邃的眼神裡彷彿寫了一篇八萬多字的中篇小說：兒子出去了，這個家裡就剩我們老倆口相依為命，提前過上了空巢老人的生活，兒大不中留啊，終於輪到我倆彼此攜手，相濡以沫了，以後你可得對我好一點……

可我眼神裡只有六個字：你怎麼不出差？

眾所周知，**出差是拯救婚姻、調節生活的重要外掛之一。**

我問他：「你不出差嗎？」

「不出。」

「為什麼不出差？」

「為什麼要出差？」

「你再想想，有什麼事可以出趟差嗎？」

「沒有。」

「沒有事可以製造點事嘛。」

「哦，那我下週好像可以製造點事。」

呵呵，好樣的，下週兒子也回來了。

男人可愛不可愛？當你非常需要他在場的時候，他出差了；當你非常希望他出差的時候，他天天待在家裡。當你熬過了他在家的日子，正好需要安排點任務給他的時候，他正好又出差了……

我想說的重點是：在配偶不出差的前提下，孩子真的是婚姻的褲腰帶啊。他不一定能讓你們的婚姻變得更美好，但至少可以讓你們婚姻的褲子不掉，保住最後的倔強。

小孩在家的時候，配偶問我：「中午吃什麼？」我會覺得這是一句善意的提醒，提醒我「您那個正在長身體的兒子需要您抽點時間為其量身訂做一套營養午餐了」。而小孩不在家的時候，配偶問我「中午吃什麼」，我就氣不打一處來，你問我？你問我？你問我？呵呵，今天我們吃土好了。

小孩在家的時候，配偶經常感覺我為兒子的事忙前忙後挺操勞的。小孩不在家時，配偶問我：「你是不是很空？沒事做？」我暫停了正在看的美劇，語重心長地對他說：「我在學英語。」他覺得我在玩，眼神裡是對我墮落和不自律的失望。

小孩在家時，配偶纏著孩子算難題、做實驗，把東西弄壞再把它修好，可以獲得許多成就感。小孩不在家時，他也遇到了獨孤求敗的挫敗感，好不容易做出一道數學題，卻找不到人顯擺，就像愛上一匹野馬，可家裡沒有草原……孩子和數學題才是婚姻的紐帶，我再重申一遍。

以前經常聽年輕夫妻說要當頂客族，因為沒有孩子的兩人世界多瀟灑啊，在家裡任性地吃喝玩樂、肆無忌憚。但是我現在就挺替他們捏把冷汗的。結婚十年以後的老夫老妻，別管有沒有孩子，當你倆過兩人世界的時候，你們到底能有多任性地吃喝玩樂、肆無忌憚？反正我現在只想任性地保持安靜，肆無忌憚地享受獨處。

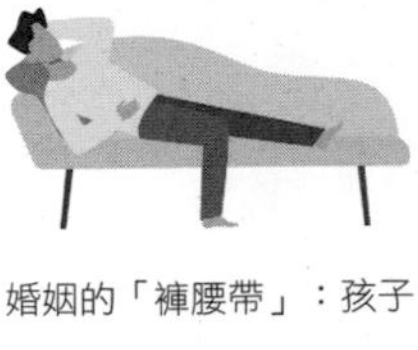

孩子在家反而更好一點，畢竟我們夫妻倆可以有個同仇敵愾的對象和話題；而孩子不在家的時候，連說話都略顯尷尬，感覺就像觀眾已經退票了我們倆卻還在自導自演。

晚上我扯著頭髮打文章，配偶坐在離我二．五公尺遠的地方，把電腦開到八十分貝看美食節目。我讓他離我遠一點，他說偌大的一幢豪宅，他感到清冷孤單，必須離我近一點才不感到害怕。我想了想，這是不是理工直男的一種策略——趁孩子不在家的時候向我示好？於是我硬著頭皮放下了工作，決定來一場兩人世界的觀影，經過一番理念嚴重不合的鬥爭之後，我們選擇了一起看《脫口秀大會》。

螢幕裡一片哈哈哈，螢幕外的我們一邊快進一邊全程高冷，平靜安詳，形同雕塑，偶爾還冷笑一聲。不知道的還以為這兒有兩個精神病患者正在進行在線治療。兒子要是再不回來，我們連戰友情都沒了，快變成病友情了。不知為什麼我腦海裡又響起了《轆轤．女人和井》的電視劇主題曲。

覺得脫口秀不好笑，可能是因為我們比他們都好笑吧，普通而自信的中年夫妻，以為孩子不在家可以重獲新生，沒想到空巢爹娘真考驗技術，生活真的比什麼綜藝都好笑啊。老倆口竟然遭遇了猛然回歸兩人世界的種種不適應，我們倆就像村裡沒見過世面又性情剛烈的阿明和翠花，突然被紅娘甩在了田間地頭，尷尬又侷促，只盼著有人快點回來，化解這場危機。

終於明白為什麼有些人熱衷於生二寶三寶了，一條褲腰帶不夠用啊。

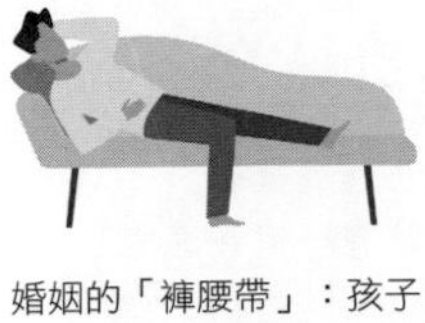

多一事不如少一事

再小的事，
但凡有可能挑撥情緒、引發夫妻戰爭的，都算大事。

二〇二二年卡達世界盃足球賽期間，一個卡達中年男人對著鏡頭說：「以前看世界盃都得坐飛機出去看，後來一打聽，辦一屆世界盃原來才這麼點錢，和辦一場婚禮差不多，再說家裡的叔叔伯伯年紀都大了，出國不方便，在自己家門口辦一屆也算體恤體恤老人家們。」

這本來就是個重度炫富文，管他真的假的，看看就當長見識了。

同一時間，我又看到了另一篇貼文——問「你做過最刺激的事情是什麼」。我腦海裡彷彿出現了卡達男人的答案——「有一次我覺得出國看世界盃太麻煩了，就在家門口辦了一屆世界盃，真的很刺激」……可畢竟卡達人離我太遠了，也太魔幻了，後來我看到了一位上海中年男人的回答：

「有一天公司突然要求全員在家上班，我把孩子送到幼兒園，老婆去上班，家裡就我一個人。我去買了兩罐啤酒和一盒手撕雞，中午炒了個菜，本來計劃喝一罐，結果一開心喝了兩罐。喝完了，把空易開罐收好，下午去接孩子放學的路上順道把空罐子扔了。這事，我老婆、我兒子都不知道，就像沒有發生過，真的很刺激。」

小作文〈我做過的最刺激的事〉，跟卡達那位大孝子一比，上海中年男人顯得如此接地氣，不值一提，但仔細一想，他這事的刺激程度還真不見得比那個卡達人低呢！把這兩個男人放在一起，卡達男人vs.上海男人，真的能笑一整天哈哈哈哈哈哈哈。同一個世界，同一個物種，大家的刺激程度竟如此不同！

大多數人能觸碰的刺激天花板，估計也就跟後者差不多吧。中年男人，擁有能獨處的、不被監視的、可自由支配的、為所欲為的，甚至略微突破自己底線都不被發現的一小段時間，且事後不露任何馬腳，讓這段記憶在歷史長河中被掩埋，只有天知地知自己知，直到入土為安的那一刻，一想到曾經有過這一段往事可能都會笑著

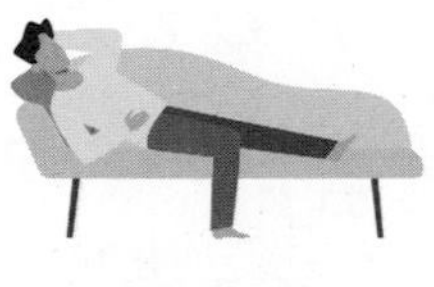

瞑目……這真的很刺激不是嗎?!哈哈哈哈哈，有家有小的人的大半生啊，真的很容易滿足。更好笑的是這位中年男人把自己的刺激故事一講，後面大批中年男人的回應蜂擁而至，那叫一個梨花帶雨。

「刺激得讓人心疼了，兄弟。」

「等等，你鍋子還沒刷呢，你老婆回去要發現了。」

看來每個中年男人的軟肋不是別的，正是自己的憋屈，只要輕輕刮一下他們的痛點，每個男人都可以成為詩人。

別看這只是個雞毛蒜皮的事，但其實也有很多人根本理解不了這樣的內涵貼文。沒個十幾年婚姻的磨皮，誰能看懂生活的濾鏡？

就比如有的人把這行為單純地理解成「女人管老公」，說：「喝啤酒怎麼了，就兩罐啤酒，有女的不讓喝嗎？真有女的這樣管老公嗎？真沒意思。」其實懂婚姻的人都知道，這是喝酒的事嗎？這是女人管男人的事嗎？都不是。反過來說，婚姻中的女人也是一樣的，有很多事，盡量避開老公，盡量避免產生正面抓蟲的可能性，因為有些事壓根就不需要浮出水面，浮出來了就可能會有大波浪。

婚姻到了一定階段，就跟管理公司一樣，大家努力的方向已經不是如何讓公司經營得更好，而是如何避免股東之間互相撕扯導致破產。

婚姻給我們帶來的智慧——事不分對錯，只看利弊。再小的事，但凡有可能挑撥情緒、引發戰爭的，都算大事。

什麼叫婚姻裡四兩撥千斤？就是如果他沒有處理好，晚上老婆問「垃圾桶裡的雞骨頭和啤酒罐是哪來的」，老公說「我中午自己吃的」，老婆說「你倒過得挺享受的，兒子英語不及格你不管，廚房抽油煙機壞了你不修，我在公司被欺負了你不幫，別人家的老婆每年換三個包我呢……」然後老公望著掩面抽泣的老婆，搧了自己兩個耳光……說白了，你今天自娛自樂喝了一整箱啤酒，玩了一整天遊戲，老婆只要今天肚子裡沒有別的委屈，心平氣和，歲月靜好，她壓根不會說一個字。但有時候你只是隨心所欲了一點點，正巧老婆情緒不好，那你做的任何一件事都可能成為「人性的扭曲和道德的淪喪」……

這就是婚姻給我們帶來的「多一事不如少一事」。這也是為什麼婚後無論男人女人，都倍加珍惜獨處的時間。男人會在停好車後在車裡坐五分鐘，其實女人何嘗不是，我們停好車後恨不得再重新啟動，開出去兜個兩天兩夜，要不是家長群組裡的接龍還在催著，軟肋還在嗷嗷待哺著，我們誰不想一個人待到地老天荒啊。不是我們不願意與家人相處，是我們太留戀獨處時的平靜了。

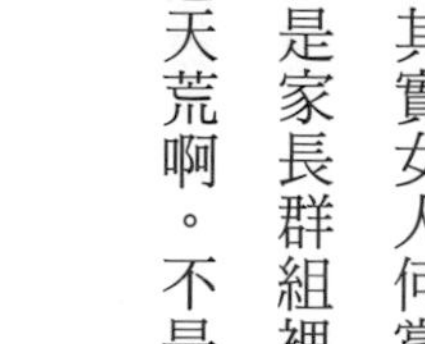

結婚之前沒人理，那叫淒涼；結了婚沒人理，那叫自由。

這不得不又讓人開始思考一個終極問題：婚姻到底給男人帶來了什麼？其實和「婚姻給女人帶來了什麼」本質是一樣的，帶來的是人生的另一種體會，讓你的生活變得層次豐富和充滿未知。至於能把這些豐富的層次輕描淡寫說出來的人，其實已經通過了考驗，基本上可以笑面一切了。這些人，遠比那些說不出話，內心卻充滿抱怨、猜忌、憤恨、不知足的人快樂得多。

連婚姻都能直面和笑談的人，還有什麼能打倒他？

別人家的另一半比較圓

老公其實沒變，
但就是「不變」才是問題。

週末我朋友帶小孩來跟我一起吃飯，她八歲多的女兒刷著手機影片發出各種感慨：
「人家的爸爸做飯真厲害，他要是我爸爸就好了……」
「這個爸爸英語真好啊，要是我爸英語也這麼好就好了……」
「人家的爸爸自己會畫繪本，他要是我爸爸就好了……」
我朋友飯吃著吃著都聽不下去了，對她女兒說：「好了好了，不要羨慕人家了，你就這個命，攤上了這個爸爸，以後你還是多指望我吧，對我好點。」

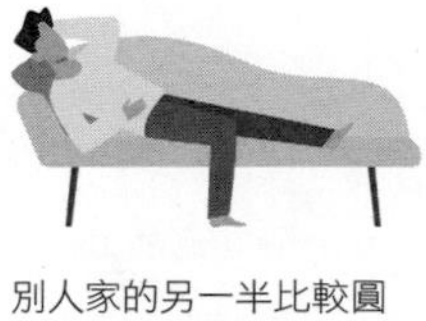

我悄悄問我朋友：「那你老公會什麼？」

她說：「做什麼都不行，出差第一名。」

我和朋友聊起了她當初是怎麼看上她老公的。她說：「成熟，話少。」我說：「這不是挺好的嗎？說明還是有亮點的。」她說：「當初的成熟到現在就是老氣橫秋，沒有趣味，當初的話少現在就是悶葫蘆，跟女兒都不知道說什麼。以前覺得他穩重，現在發現穩重過頭了，除了體重在長，別的都在原地踏步，十幾年來沒有進步，高開低走。」

唉，其實也不是高開低走，是女人的進步太明顯。所以我們也別老抱怨男人會變了，人家其實沒變，但就是不變才是問題。女人才是最會變的那個，變得更獨立更能幹更有思想境界，自然就看那個不變的人不爽了。

同一個男人，在不同時間段，甚至不同地理位置、不同環境下，都能被我們下不同的定義，就像在做小變色龍實驗，不管他是誰，都能被我們想辦法發現不一樣的顏色。

當初千挑萬選，找了這麼個穩重的、成熟的、話少的……一旦結婚，算了，什麼優點不優點的，日子能過就過，不能過也先湊合過，過著過著就走到離婚冷靜期了，老天都幫你離婚難。就像考大學一樣，當初千軍萬馬搶一座獨木橋，好不容易搶到了，擠進去了，一旦進了大學就以為是人生贏家一樣放飛，能學就學，不能學也湊合學，學著學著就畢業了，都不用你費多大力氣。嚴進寬出，睜隻眼閉隻眼也就走完了人生的大半。

對女人來說，自以為自己精挑細選的配偶，一定會在婚後投桃報李的吧。結了婚才知道，好傢伙，原來自己才是來投桃報李的那一個。又能怎樣，本著嚴進寬出的原則，繼續修煉唄。

但是從男人的角度來說，正好相反，他們對另一半是寬進嚴出。談戀愛時男人會把所有優點放大，就算直男也能讓你感覺挺浪漫的，咳，小女孩真的純真包容。他不會對你提要求，你還以為他覺得你是上天賜給他的禮物。

一旦結婚，你就不是禮物了，你就是個合夥人。男人對老婆的各種標準就會瞬間提高——最好立馬蛻變成一個懂事的妻子、孝順的兒媳、生育一條龍自動化程度很高的流水線，然後還得把孩子教育好，同時兼顧家庭與工作……就算嘴上不說，大多數男人的內心都是有一套標準化要求的。

結果就是，你做得很好他們可能覺得是應該的，你做得不夠好他們會覺得你不稱

職。什麼是職？老婆的職應該是什麼？法律沒有給出條例，但是男人的心裡自有一套標準。

娶老婆前：只要是個女的就行。娶回家之後：三頭六臂才行。

寬進嚴出，就是男人對待婚姻和配偶的內心戲。

這就是為什麼有不少男人可以對自己缺少家庭付出而心安理得，因為他們是在婚姻裡嚴進寬出的那個人，人家覺得一旦領了結婚證書就萬事大吉了，可以放飛啦。而女人往往重感情、重責任，進入了寬進嚴出的婚姻之後更想努力把家經營好。

爸爸可以肆無忌憚地出差、不管家、不陪孩子、不像「別人家的爸爸」那樣讓孩子找到傲嬌的理由，他們也不會覺得心裡不安，甚至會感覺「我在養這個家，我才是最不容易的那個」……

但媽媽們同樣賺錢養家，就不會肆無忌憚逃離，也不會不管家不管孩子，會想盡辦法多陪伴一些，看到「別人家的媽媽」有什麼本事我們也會盡量去靠攏，不讓孩子失望。

婚姻裡註定是不公平的，小到基因大到道德觀，都決定了女性是對自己要求更嚴格的那個。

但我並不認為男性不可以被訓練。

開頭提到的那個朋友，嘴上說不要身體卻很誠實，對老公照顧得無微不至，根本就不用他做什麼家務，更不需要他帶孩子。所以說，很多老公的嚴進寬出，都是老婆慣的。

而很多女人的寬進嚴出，也都是自己在跟自己較勁。

其實現在的大學都沒那麼輕鬆了，不但進門嚴，進去之後也不能鬆，競爭很激烈，鬆一鬆就把前途鬆沒了。婚姻也有這個趨勢，以為進入婚姻之後就可以高枕無憂、不用努力就能躺贏的男人，將會越來越多地被回歸單身。

因此，無論男女，幸福都是自己爭取來的，大家還是得心裡有數啊。

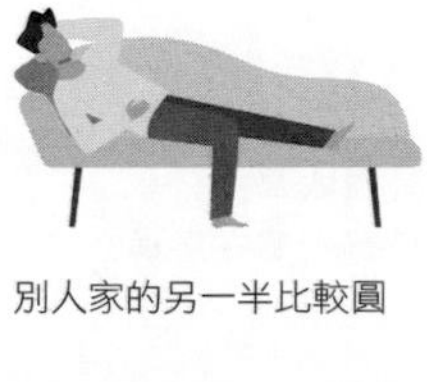

拯救婚姻

把老公當「客戶」，
改變關係認知，才能改變關係。

沉浸在學習之中無可救藥、無法自拔的我，這幾天感覺適應了很多，尤其是當我交完第一單元的作業之後立馬收到了第二單元的作業通知。這次離交作業截止日又只剩五天，好有規律的樣子，繼續頭懸梁錐刺股，真好。

但當我瞄了一眼這次的作業內容，我覺得不用到截止日期了！我馬上就能交！看看這題目：

「如何理解家庭中的衝突的本質？這些衝突的本質究竟是吵架的話題本身，還是衝突在家庭關係中的某種功能？」

這不就是聊夫妻吵架嗎？真是被我碰上了，對我來說屬於保底十萬的領域，信手拈來呀。

再仔細一看，不對，作業要求裡還有：

「請從功能主義視角分析討論。」

一瞬間，我醒了，我不是要寫網路文章，是要寫作業……那就開始唄，然後一搜相關文獻，好傢伙，真的長知識！

居然有專門研究「兩口子為何吵架」的期刊論文。

好吧，在學術面前，我仍是個「菜渣」。

但轉變一下思路，至少老師在安排作業的同時，也算給我提供了個文章選題啊。

我這不是典型的掛一個號看兩種病嘛。賺了。

既然說到這兒了，婚姻問題，夫妻吵架問題，這麼有趣的大課題，可難不倒我，

我決定用學到的心理學專業知識來聊這個事，可能降低不了離婚率，但有望降低你們的血壓。

我的導師告訴我們：有研究表明——低血糖與家庭衝突中的攻擊性行為存在顯著的正相關，也就是說，如果一對夫妻中一方有低血糖，那麼他們很有可能衝突頻率變高。

我覺得特別是有些中年老母啊，經常覺得自己容易炸，總是想發火，一吵架就擔心發揮不到位，我建議你不妨測一下自己的血糖（我明天就去）。

那麼問題來了：是不是只要夫妻倆都多攝取點葡萄糖，血糖不低了，兩人就不容易吵架了呢？

答案顯然是「不」啊，否則三高人群都成模範夫妻了。

所以說，拯救婚姻，不能靠攝取葡萄糖。

然後好戲就來了。

心理學有史以來最喜歡自己人打自己人。

首先，心理學有一個學派叫「結構主義」，認為人的意識由基本單位決定，比如你腦子裡某個神經元或你身體裡的葡萄糖含量，都屬於構成單位……研究這些單位就是研究你的意識。那個低血糖相關性就是這個學派做的。

還有另一個學派叫「功能主義」，一上來就批判那些結構主義的專家。而這幫大老認為人的意識的本質不是取決於其構成單位，而是決定於它的功能（目的）。

在一段婚姻裡，從結構主義角度說，血糖低可以成為你和你老公吵架的本質；但從功能主義角度說，你倆吵架是因為你們的意識功能沒有得到滿足。

舉個例子。韓梅梅下班回家很累不想帶孩子，跟老公李雷抱怨了幾句，李雷說「別嘮叨了」，韓梅梅冷笑一聲，嘴上說著「I’m fine, thank you」，等待吵架的序幕隨時拉開。

他們吵架的本質既不是韓梅梅低血糖，也不是她腦子裡缺少一塊象徵和平的灰質層，甚至也不是她今天非要老公完成帶孩子這件事。

吵架的本質是韓梅梅日積月累的對那個不懂共情和缺乏關懷的老公的不滿，還有一溝通就要吵架的關係挫敗感。好多人都是這麼過的，雖然也經常覺得這日子沒法過了，但「難不成要離婚嗎」？

所以說啊，想要拯救婚姻，不能從某個構成元素去思考缺少什麼，要從功能和目的上思考缺少什麼，缺啥補啥，要讓這些功能得以實現，比如老公要體貼、關愛、共情、知冷知熱、讓韓梅梅一回家就進入愛的港灣、實現心靈的大和諧（編不下去了）……

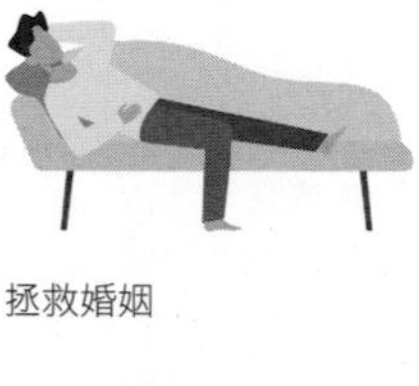

當然，女人也同理，需要體諒、寬容、善解人意、多讓著點直男……總之就是雙方都得滿足對方的關係需求。

你想想，為什麼你和你的老闆能和平相處，他再氣人你也不會發飆，而你和老公總會因為一點根本不值得吵架的小事而爆發戰爭？

老闆滿足了你的大部分需求（如發工資讓你養活自己，升職加薪讓你滿足自己，共贏合作讓你適應環境）。

不妨摸著雙下巴問問自己：老公滿足了你什麼？所以那點小事每次只是導火線，真正觸及意識發飆的是長期被破壞了的關係功能。

消除日積月累的「關係挫敗感」，關係的功能才會得以實現。如果你無法消除這種挫敗感，那就不如試著把老公當客戶，改變關係認知，才能改變關係……

這不是威廉．詹姆斯（William James，美國心理學之父）說的，是我說的。

下次吵架的時候，省點口舌，不要對著吵架的導火線那點小事窮追不捨，這是結構主義的陋習。你得放平姿態，向對方說出「你的哪個需求沒有得以實現」。

著名的「離婚冷靜期」，一個主要的作用就是防止你們從一件無足輕重的小事就去做離婚的決定。在那一個月的冷靜期裡，很多人真的可以開始重新審視功能，發現彼此還能滿足對方的需求啊，於是就不離了……

學習了這個知識點，我覺得會對家庭關係有很大的幫助。因為感覺以後我都沒法正常吵架了。

每次剛準備吵架，先捫心自問我血糖低嗎？然後在腦子裡過一遍知識點，飄過十來位哲學家和心理學家，從功能主義視角分析一下，我到底是哪個目的沒實現。我老公是哪個功能缺失了。

再把上百個理論和模型挨個順一遍，挖細節，找角度，深入探尋心靈深處的聲音，與靈魂來一次跨越緯度的擁抱……想著想著，五十分鐘過去了，我已神魂顛倒，**「敵軍」已經睡著，剛才為什麼要吵架來著？**

不知不覺，學習心理學讓我們徜徉在思想的深淵裡呼吸困難，於是顧不上吵架了。

更重要的是，只要你開始學這個，就會於無形中又提升了家庭和諧度，你的老公將承擔家裡全部的家務和管小孩，因為你是真的沒空了。

二、哪個老婆不是靈肉合一，動靜皆宜

單身配偶

假裝單身，
可以減少婚姻裡百分之九十的煩惱。

成年人很多時候會靠做夢來彌補生活的蒼白。我也會經常暢想一下未來，我比較側重做最壞的打算，時不時描繪一下可能會出現的淒涼晚景或蓬勃的夕陽紅，誰知道呢？但十三姊夫聊到未來的養老時總感覺一定會很蓬勃，因為基本上，等這批「七十後、八十後」實現財富自由的時候，都該養老了，而普遍只生了一個小孩的我們，未來養老的大趨勢就是去養老院。

我們不是怕給孩子增加負擔，是嫌孩子太給我們增加負擔。

搞不好還要給孫子孫女輔導功課和接送補習班。有那工夫，我寧願我們以後被孩子送進老年大學，而且是帶宿舍、含吃住，最好還帶醫護的那種。我每天晚上做自己的朗誦作業和鋼琴練習，週末還去老年班和曲藝書法課，和一群從一線退居二線的有文化有情懷的中產老頭兒交朋友，多帶勁啊。至於孩子他爹嘛，報個套餐，跟老哥們一塊打太極、下象棋、釣魚，還能坐綠皮火車去川藏線玩玩。

養老院單人房是一種剛需。

根據廣大中年婦女的民意，未來養老院裡的「夫妻雙人房」這種配置是個雞肋。要麼是單人房，夫妻倆一人一間，最好還隔一兩個樓層。距離產生美，否則天天抬頭不見低頭見，出門進門眼裡都是他，還花那麼多錢住養老院幹麼，住這兒不就圖換個眼不見心不煩嘛。

而對未來的養老院營銷方來說，真正賺錢的項目應該是推出市場需求度更高、受歡迎程度更大、更容易吸引顧客的套餐，比如「閨密／兄弟樓層買一送一」、「姊妹淘／兄弟連套房優惠搶訂」……畢竟奮鬥了一生，努力了大半輩子，老了該有條實現「短暫自由」的路。但是吧，還不能離得太遠，有些事還是只有夫妻間可以互相扶持，比如我生病了你給我端茶倒水，你生病了我給你捏肩捶背。

結婚多年後，大多數女人對「單身」和「自由」的強烈追求往往是很抓馬的，她

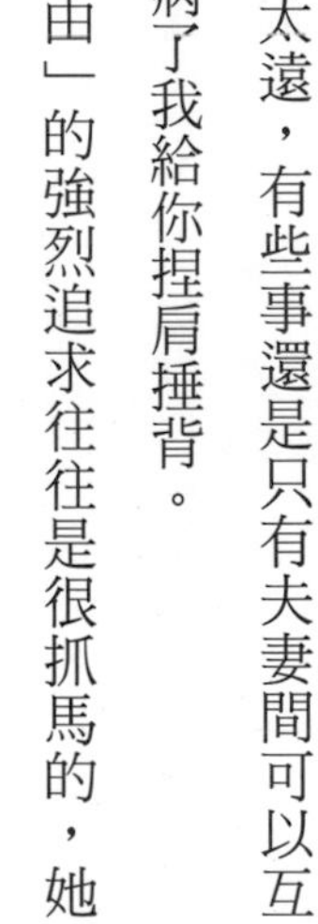

單身配偶

們哪怕進了養老院，也是「寧和閨密一張床，不跟老公一間房」；但你要是真叫她們離婚，讓她們真的恢復單身，她們又不離，嫌麻煩。這也許可以稱為「龐克式婚內單身」：一邊保持婚姻，一邊不是單身勝似單身。

近幾年，「單身」成了一個熱門的討論話題。我看到一則報導，說中國一共有過三次單身潮，現在正在面臨第四次。

第一次是第一部《婚姻法》頒行，給法規否定了封建主義婚姻制度，一大批封建殘餘婚姻得到了解除，好多人恢復了單身。

第二次是二十世紀七〇年代，知青返城掀起離婚潮，造成了不少人回歸單身。

第三次是二十世紀九〇年代後期，在改革開放自由思想影響下，傳統家庭觀念發生變化，離婚率劇增，導致很多人成了單身。

前三次都是因為離婚太多導致單身潮出現，現在這第四次就不一樣了，是因為太多人壓根就不結婚，一直單著。

現在對很多年輕人來說，單身成了一種普遍現象或熱門形態，人們對婚姻的觀念已經逐漸改變。以前看到三十歲以上的人未婚，朋友們都很著急地問：「還不結婚啊？」

現在，尤其是在一、二線城市裡，看到低於三十歲的人結婚了，朋友們都很著急地問：「這麼早結婚啊？」

我看過一份結婚率統計報告，結婚率最低的五個省市分別是：上海0.45％，浙江0.61％，天津0.61％，江西0.62％，山東0.63％。

看看，上海的結婚率才0.45％，這是人性的扭曲還是道德的淪喪？哦，也可能是上海人最怕窮吧，因為我還看過另一個小調查——「**你覺得為什麼現在的年輕人越來越不想結婚了？**」在「沒錢」和「寧缺毋濫」兩個選項裡，前者投票數高達五萬八千票，後者只有三千多票。

雖然「恐婚」以及「沒有對的人結婚」占據了大多數單身人士的單身理由，然而，「沒錢」還是成了「不想結婚」的主要原因……

除了主觀不想結婚，客觀阻礙結婚的因素也越來越多了，為降低結婚率做貢獻的人和事真的不少，比如離婚冷靜期。

若離婚不自由，則結婚無意義。

所以「主動單身」的人越來越多了，大城市的女孩們覺得自己以一頂百、獨立自由，又能賺錢又會享受，為何要結婚讓另一個人來分享自己的財富、瓜分自己的快樂、共擔彼此的痛苦呢……

但大家沒注意到，其實第五次單身潮早就在如火如荼地上演著，那就是「婚內單

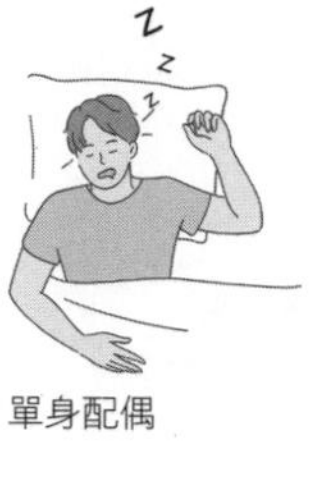

單身配偶

身」大潮。

別忘了，**還有一種單身叫「喪偶」：有的人有配偶，但是她已經單身了。**

有次看到網上的一篇貼文：「我問媽媽不結婚可以嗎？媽媽說，如果外面煙花四起，街坊鄰居飯味溢出，大街上一家人手牽手出行，你能忍住不哭就可以。」大家看完一定覺得生活的煙火氣還是要在家庭的氛圍中才能得以延展吧，沒有結婚，孤身一人，還是淒淒切切、冷冷清清，好悲涼的感覺啊。

但話鋒一轉，網友的回覆亮了：「街坊鄰居飯味溢出，誰做飯？誰洗碗？誰收拾屋子？誰帶孩子？大街上一家四口出行，學區房買了嗎？兩個孩子功課誰教？孩子聽話嗎？我在外面逛街吃飯，拎著剛買的蛋糕和奶茶準備回家打遊戲、看小說，迎頭撞上蓬頭垢面、一臉疲憊、拎著孩子的小夫妻，很難忍住不笑出聲……」

這就說明，未婚單身一族有很多人已經看到了「**婚內單身**」的情形時有發生。在一些婚姻裡，確實會出現很多孤獨的人，一個人做飯、一個人洗碗、一個人收拾屋子、一個人帶孩子、一個人教功課、一個人帶著小孩到處上補習班……和未婚單身人士相比，婚內單身的人可能只是多了一個孩子和一堆負擔而已。

單身的形式幾乎都在，單身的快感卻不怎麼有。

所以好多人不明白，結婚到底是為了什麼？以後的人類，可能越來越趨向於單身式生活了，無論是真單身，還是偽單身。而眾多單身形式中最高境界應該就是「婚內單身」。

那是只有「單」卻沒有自由的單身，是只有「單」卻不能推卸責任的單身，是只有「單」卻羈絆更多的單身，這是一種更偉大、更博愛、更充滿人道主義光輝的單身，同時還為結婚率、生育率、二胎率做著或大或小的數據貢獻。

比起未婚單身和離婚單身，婚內單身可謂是更充分體現了一個人的包容性、精神耐磨性、情緒穩定性。正因如此，婚內單身才看起來那麼高級。

但大多數人的「龐克式婚姻」是有期限的。

據說，在每年大學新生報到後，會出現一波離婚潮。那些「婚內單身」了多年卻又不離的「龐克夫妻」，終於瀟灑地邁出了那一步。

定力更好的「龐克夫妻」們，還能再繼續上演若干年和諧婚姻，哪怕在退休、養老開始後都依然持續著婚姻狀態，但可以把「單身」的形式多元化、豐富化，比如給自己再買一套房自己住……

有人透過結婚來實現重組，有人透過離婚來降低風險，但還有一些更厲害的人，表面按兵不動，實際上已經在內心深處過上了另一種想要的生活，實現了靈魂的大和諧。

人這一生在伴侶關係這件事上有很多選擇，但目的只有一個——讓自己活得舒坦，所以單身也不一定就是最優解。見招拆招，一個人才能真的活好。歸根到底，無論

單身配偶

婚內婚外，自己有經濟實力，才能活得更好。

以前大家都說：夫妻間最長情的告白就是「去養老院我還願意和你一個房間」，以後更深情的告白應該是「我會努力賺錢，以後贊助養老院蓋兩幢樓，你一幢，我一幢」。

有一次，我和幾個朋友一起吃飯，有一位是二寶媽媽，她也不知受了什麼刺激，來了就問我：「你知道什麼是十級孤獨嗎？」

這我可太知道了，十級孤獨不是一個人住院嗎？

我想到了我三年前的那次住院手術，醫師語重心長地跟我老公說：「我們準備把你太太的手術放在明天。」

我老公頓時一愣，緩了緩，問醫師：「明天幾點？」

醫師說：「早上八點，第一檯。」

我老公聽完，長舒一口氣，拍著大腿說：「那太好了，我明天晚上才出差，早上手術沒問題，我還能給我老婆簽字。」

說完，我們倆來了個默契對望，同時爆發出了槓鈴般的笑聲……

現在回想起來，當時病房裡的一堆醫師和護理師應該是在想：「這兩個人肯定是有點什麼病吧。」

其實，那次經歷，是我自我意識覺醒的一個重大轉折點，從「你竟然不陪我住院，你不愛我了」，到「你居然可以給我簽完字再出差，你真好」，這是中年婦女硬骨子靈魂初長成的標誌性昇華節點。

我們當時那飽含深刻內涵的笑聲，又豈是普通人能隨便理解到精髓的呢？

夫妻一場，無論是演變成戰友情、兄弟情、親情、人道主義，到最後含金量最高的還不就是一個「簽字之情」嗎？雲配偶平時無論多游離，能在手術室外面仔細閱讀風險須知並果斷簽下放棄治療，哦不，同意手術，從法律角度到倫理角度，配偶是我們的直系親屬，還是有存在價值的。

我還記得，在那場「簽字之情」來得正令人動容之際，他又補充了一句：「要不我看看這次出差的八方談判會議日程能不能稍微調整一下？」

我當時就拒絕了。好傢伙，八方談判、公司棟梁、業界楷模……作為賢內助，我又豈能為了一己私欲，阻礙了他偉大而艱鉅的事業呢？萬萬不可啊，開個小刀這種事，就當作切菜的時候割到了手，能勞師動眾嗎？不能，我們中年婦女最大的優點就是懂事。

於是那次，在雲配偶的「簽字之情」落地之後，他就出差去了。剛做完手術的我，終於得以在病房裡睡一個安穩的覺，不至於被配偶往我嘴裡塞滾燙的小米粥而氣得想砸東西，也不至於半夜還得捂著滲血的刀口爬起來給躺在沙發上鼾聲正濃的配偶蓋被子。

單身配偶

你看，中年婦女巧妙地把斷捨離運用到極致，其實就等同於給自己造福。於是，越來越多的「不用陪」從我們嘴裡冒出來。每一次「不用陪」都像一次光榮的加分。有些孤獨，反而比不孤獨來得更貼心，免去了我們的一些難以言說的煩惱，對吧。所以，儘管我體驗過十級孤獨，但我似乎並不覺得它很可悲。

我講完這些之後，那位二寶媽媽不慌不忙地對我說：「你這些都不算，聽我的。昨天我帶著二寶，陪大寶去上英語課，那是一節親子活動課，結果二寶不願意在裡面玩，一個勁兒地大哭大鬧。我好不容易把二寶哄得不鬧了，手機突然開始一個勁兒地響。我家在裝修，剛買的油漆塗料送錯了地方，我在電話裡更正了地址，送到後工頭又發現送錯了型號，我再反覆打電話跟各方協調。每一次打電話我都要跑到教室外面，我每次跑出去二寶就要哭鬧一次。我覺得很抓狂，就打電話給孩子他爸，叫他跑一趟去解決塗料的問題，結果他在電話那頭不慌不忙地來了一句：『不行啊，我等會有一個很重要的會。』」

然後她說：「我的十級孤獨，就是在嘈雜熱鬧裡，周圍熱火朝天、人聲鼎沸，我手忙腳亂，感覺明明應該有人可以分擔的，到最後卻發現沒有一個人能幫我，只能靠自己，於是內心寂寞無比。」

可不是嗎？外面的熱鬧是別人的，內心的孤獨是自己的。

中年二寶媽媽，看似生活熱火朝天、精彩紛呈，但各種事交雜，連最親的人都無法幫上忙的時候，當心裡斬釘截鐵地告訴自己「今天只能靠我自己搞定一切」的時候，孤獨感滿分。

這樣想來，一個人住院什麼的算不上孤獨，至少會有一群人對你細心呵護、關懷備至，你可以什麼都不用做，只需要躺在那裡接受眾星捧月。所以，皮肉之苦在人生裡算不得什麼苦。

而一個不得不讓自己變成八爪魚的中年老母，應對各種職責馬虎不得，硬著頭皮上，指望不上任何人，並且做這一切的時候還被認為是「應該的」，這種精神孤獨的滋味，誰嘗誰知道。

好多人覺得「不就帶個小孩，哪有那麼費勁」，那是他們忽略了「帶小孩的同時，其他事情我們也一點都不能少做」這個大前提，而由於帶小孩致使做其他事情都必須一心二用，這需要極大的內心修煉來中和。

原來，真正的十級孤獨就是：我太懂事了。

曾經有一位讀者，給我講述了她帶病教完孩子功課後，自己跑到醫院去吊點滴的

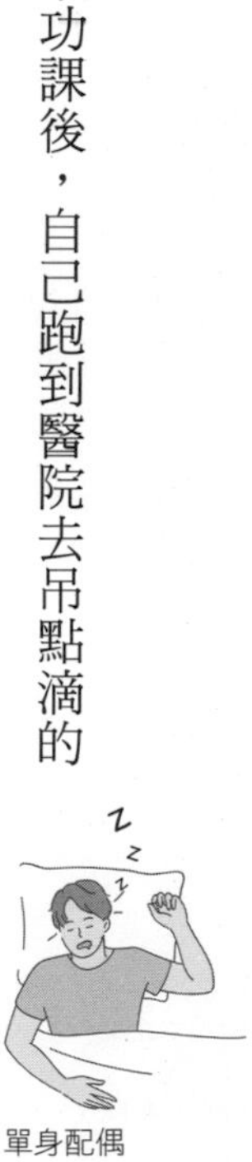

單身配偶

故事。她繪聲繪色地描述了當時的情景：

「我換了一身最便於吊點滴的行頭，大跨步地衝進了急診室，一吊就是三小時，上廁所的時候，我脖子上掛著包，嘴裡咬著手機，一手舉著點滴瓶，一手提著褲子，姿勢撩人，氣勢也絕不輸人……」

還有以前和「懂事中年婦女」們切磋的各種心得，一個比一個硬，每一個都比「一個人住院」要酸爽很多。

有意外懷孕去做手術前，還不忘先給自己燉上雞湯的：「當初不幸意外懷孕，一早去菜市場買了雞回來用小火燉上，然後自己到醫院做了手術，回家後雞湯正好可以喝，喝完倒頭就睡。」

有連看病都集中起來看，靠外送小哥投食獲得重生的：「平時看病盡量集中在一天，一去醫院就是四個科，效率絕對高。半夜胃痛，叫不醒老公，自己起來搭車去醫院吊點滴，早上回到家還給孩子做了烙餅和煎蛋，然後再去床上躺著。」

還有一邊骨裂一邊照料全家，把自己活成一支隊伍的：「有一年腳踝骨裂，還不知道，背著兒子到處跑，晚上鑽心地疼，早上自己去醫院拍了片子纏上繃帶，回家路上還買了菜。」

那麼問題來了，婚後的十級孤獨容易令人不滿，常有抱怨，所以有沒有解藥呢？

我的一個朋友說過：「你們啊，都太矯情。告訴你們吧，**我一直就假裝自己是單身。我老公如果為我做了什麼，那是額外收穫，都是驚喜。**」

聽了這話之後我深受啟發。

世上沒有無緣無故的愛，沒有無緣無故的恨，更沒有無緣無故的孤獨。有很多孤獨，都是源於你對熱鬧的期待過度了。

一旦假裝自己是單身，事情就好辦多了。你是單身啊，你本來就孤獨啊，所以你就不會抱怨孤獨，還會對偶爾的熱鬧心存感恩。

假裝單身，可以減少婚姻裡百分之九十的煩惱。

在心裡默念「我是單親媽媽，我是單親媽媽」，然後一轉身看到老公給大家洗好了水果，就會心存感激：「嘿！多好的男人啊！」甚至迫不及待地跟兒子炫耀起來：「你看這個叔叔，多熱情！」

就這樣，家庭和睦了，氛圍和諧了，吵架也明顯少多了。除了生二寶還得麻煩他，其他真沒什麼自己辦不了的。

但為了能更懂事，大多數中年婦女已經掐滅了生二寶的小火苗，以方便自己更入戲地持續單身。

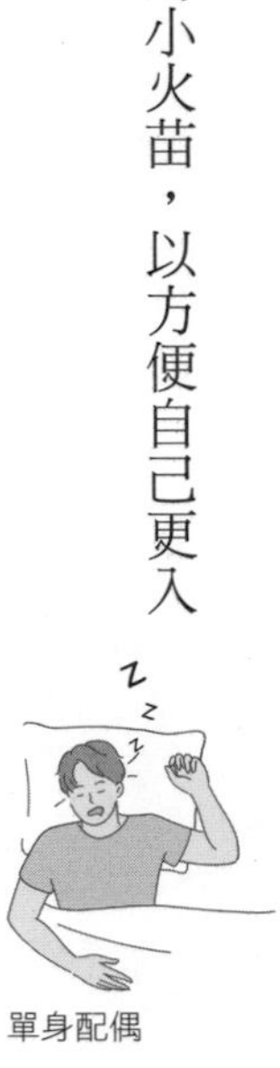

單身配偶

女人的自我復原是一種倔強的妥協

除了生孩子需要求助男人，
女人還有什麼事不得不求助？

有一年暑假，好朋友給我打電話，讓我去醫院幫她看一會兒孩子，因為她得趕到新房子去和裝修師傅交接。

我陪著她的小孩在醫院排隊一小時，看病十分鐘，全都搞定了，她還沒回來。

我把孩子帶回自己家，問她：「你爸爸呢？」

孩子說：「在家啊。」

我問：「你爸爸在忙什麼？」

孩子說：「不知道。」

你看，爸爸在家，不知道忙什麼，媽媽帶小孩看病，又奔赴裝修現場送鑰匙，兩頭都沒落下。她寧願放著孩子爹不用，叫我出來給她帶孩子……這什麼事啊！

朋友回來了，她說她早上就因為看病和裝修的事跟孩子她爹一頓生氣，所以寧願自己想別的辦法也不想跟孩子爹多囉嗦，心累。

此言有理，女人在關鍵時刻還是需要女人。你看，我什麼也不問，就做完了，簡單粗暴，省心省力，還管了她母女倆一頓飯……

我已經猜到她老公大概會問：為什麼偏偏今天帶孩子去醫院，為什麼偏偏又是今天讓裝修師傅過來？為什麼偏偏不把時間錯開？為什麼不能推掉……十萬個為什麼。

她搞定了這一天的所有事情之後，晚上回到家，也就像什麼坎坷都沒經歷過的純情少女一樣，頂多跟老公提一下看病的情況，說一說新房子裝修師傅的情況，雲淡風輕，毫無波瀾，哪怕內心已經有一千萬頭烏干達密林黑猩猩在集體大便……

只用了零點幾秒時間，當一切都圓滿解決之後，她垂死掙扎的耐心便習慣性地原地復活了。同時老公會覺得：嗯，輕鬆的一天又結束了，真的歲月靜好。這位大哥哪裡會知道他的歲月靜好是因為他老婆（和我）在負重前行啊……

有時候不是女人自己找事，搶著幹活，不怕累不怕麻煩，而是怕了那些不知如何

回答的「為什麼」和不知如何描述的「怎麼做」，乾脆自己另想別的出路，自己解決了一切。

婚後十年，我才懂了一個道理：學會求助是多麼重要的一項人生技能。可惜大多數女性終其一生並沒學會。主要原因之一是「可求助的對象不給力」，比如老公，個中滋味，大家都品過。**除了生孩子需要求助男人，其他還有什麼事不得不求助？**

我一時想不起來……

這讓我想起了一部很喜歡的電影《Tully》（《厭世媽咪日記》），裡面的女主角叫 Marlo，是個不分晝夜工作帶孩子導致筋疲力盡的媽媽，片中爸爸出現最多的幾個鏡頭，一是下班回家進門後叫寶寶「笑一個給爹看」，二是責怪老婆沒認真做飯，三是躺床上打遊戲。至於 Marlo 這位老母做了什麼事，這個就像「費馬最後定理」的證明過程一樣，我怕這裡地方太少了寫不下……

簡要地說，也沒做什麼，除了上班，就是照顧有先天發展障礙的大兒子，以及還在幼兒園裡的小女兒，挺著大肚子工作等待三寶的出生，並在第三個孩子出生後不分晝夜地餵奶、換尿布、餵奶、換尿布……

白天不能休息，晚上不能睡覺，大兒子的學校動不動勸退，全家經濟情況緊繃……精神崩潰的邊緣，Marlo 的哥哥說自己出錢給妹妹請個夜間保母，釋放她一整個晚上。但 Marlo 的老公說：「讓你哥哥出錢，我會很沒面子，不要請了。」

太可笑了。一個大活人爸爸杵在那裡，媽媽卻不得不求助夜間保母來解救自己，即使這樣，老公居然還好意思不贊成。至於夫妻關係嘛……更不用說了，鐵鐵的兄弟，而且還是關係不好的兄弟。

但在這個地球上，經歷著同樣生活的女性有很多，在那些家庭裡，沒有太夯實的經濟基礎時，挑起最多重擔的是女性，看起來男人賺錢較多，但實際上，只要女人一撒手不管，家就完蛋了。

這樣的女人，學不會求助，找不到人分擔，是件很可怕的事。很多女性在幸福和不幸之間，只差一個能幫上忙的人，不管這人是誰。

所以，夜間保母 Tully 就是那個救贖者。

而那個故事的巧妙之處在於：Tully 完全是女主角幻想出來的一個人，她每晚十點到來，照顧小孩，也照顧 Marlo，和她談心，瞭解她的所有困惑苦衷，甚至幫助她去撩已經進入純兄弟情的老公，重燃激情。

在 Tully 的感染下，Marlo 找到了久違的一點自我和快樂。但快樂不長，很快就出現了反轉——Marlo 意識到，所有事情，從白天到晚上，一切都是她一個人承擔著，無人分擔，那個 Tully 只是她渴望擁有卻始終沒有得到的分身。

所以，故事的宣傳語是這樣的：**女性會自我復原——不，我們沒有，我們看起來沒事，但如果你仔細看，臉上滿是化妝品掩蓋的痕跡。**

大多數媽媽之所以學不會求助，不是因為對別人沒有要求，而是因為對自己要求太高，就像 Marlo 那樣，她已經這麼累了，還覺得自己是個失敗的媽媽。

「好媽媽會辦班級派對和賭場之夜，做小黃人紙杯蛋糕，我太累了，沒一樣做得來，說真的，連穿衣服都覺得累。」

其實婚姻的本質應該是生產力統一體，男人應該盡早明白「媽媽不好過，這個家也不可能太好」這個道理。但像 Marlo 老公這樣的男性，認為自己只要賺錢，就完成了任務，別的有資格不操心、不過問、不分擔。

伴侶之間的差異會越來越大——

女性：凡事高標準，兼顧一切，看到別人做得好便會讓自己有壓力，媽媽就應該照顧好，拚命咬牙苦撐，只要過了這一關就會越來越好。

男性：我壓力大，我辛苦，你得體諒我。

到後來，女性的獨立與堅強，倒成了其他人依賴她的理由。

女性有自我復原功能。

但並不是所有女性都可以原地復活，也有不少只會原地爆炸。所以不要認為那些原地復活的女人，願意承擔更多壓力和不需要被體諒照顧，復活和爆炸之間，說不定哪天就可以無縫對換。

現實生活裡的女性，絕大多數都是自我療傷行家，原地復活的高手。

正因如此，她們可以把最好的一面呈現給別人，這種自我復原的能力，就是乘風破浪的基礎。

社會對女性要求越來越高了，恨不得人人都勵志，每個都是榜樣。以前經常有人把成功女性的勵志故事說出來讓大家學習，大多是一個模式：勵志——挫折——拚搏——成功。

可放在生活裡，哪來那麼多戲啊。

我今天勵志不發脾氣，做一個賢妻良母型女人，但是一大早便遭遇了挫敗，發現兒子磨蹭，爸爸縱容，但我拚命壓抑情緒，克制自己，努力深呼吸，終於，我沒有

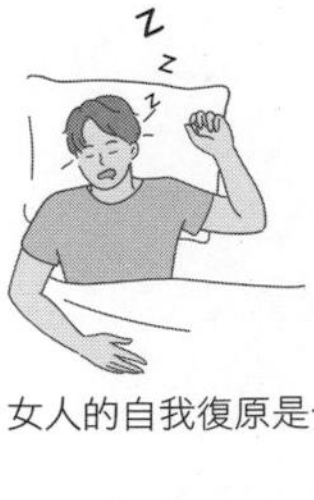

女人的自我復原是一種倔強的妥協

爆發，又開始了賢妻良母的一天。

這是不是女性勵志故事啊？

如果你覺得這不勵志，那麼你也成不了什麼大事，這心性的磨鍊，稜角的切割，才是女人原地復活的根本要素，否則都是裝的，會憋出高血壓、乳房纖維囊腫、卵巢囊腫……

女性的自我復原，不是沒心沒肺，不是涵養有多高，不是什麼心胸啊氣度啊佛系啊，其實就是一種倔強的妥協，多半是建立在兩種基礎之上，一是「今天我高興」，二是「今天懶得理」，不是看在孩子的面子上，就是看在老天爺面子上，順便讓自己不那麼心煩。

四十歲前要學會求人，四十歲之後就要學會求自己了，原地復活還是瞬間爆炸，只選對的，不選貴的。

每個媽媽都是時間管理大師

照顧家庭和提升自己兩手抓，
這是人類完成得了的任務嗎？

有很多影視劇喜歡刻畫完美妻子和媽媽形象，她們日理萬機、三頭六臂、樣樣出色。尤其是一些全職媽媽人設，她們的日程安排總能驚豔到我們，賢慧與勵志並存——不僅要陪孩子上繪畫課、親子課、英語課、游泳課、馬術課，給孩子做蛋糕，帶他打疫苗，給幼兒園同學準備禮物……還要陪爸爸體檢，給老公收拾行李，協助管理公司財務表……同時還給自己安排了皮拉提斯、泰拳、熱瑜伽、烘焙、陶藝、花藝、縫紉、時尚鑑賞、皮膚管理、法語課……

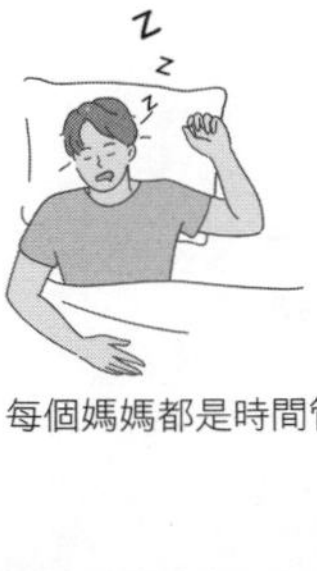
每個媽媽都是時間管理大師

照顧家庭和提升自己兩手抓，兩手都要硬。這是人類完成得了的任務嗎？八爪魚估計都力不從心了吧。

這需要多強大的時間管理能力啊！

後來我又冷靜地想了一想，之所以能有這些看起來高尚又唯美詩意的社交活動和行程安排，可能主要是因為家裡有個**全職保母**。

那個全天戴著圍裙，操持著這個豪宅裡裡外外的清潔工作，還料理著家人一日三餐的保母，簡直就是女主人得以解放雙手的唯一出路。

如果沒有保母，一個全職媽媽不見得有那麼多時間釋放自我，還上什麼皮拉提斯、熱瑜伽、泰拳課啊，肯定得衝進超市去搶限時限量的優質土雞蛋啊，那說不定比什麼課都鍛鍊身體，還能練眼明手快的本事。

如果沒有保母，全職媽媽還學什麼時尚鑑賞和法語課啊，幾百平方公尺的大平層光是擦一遍灰再拖一遍地，好幾堂課的時間就消耗光了。

如果沒有保母，全職媽媽大概就沒心思學什麼陶藝、花藝和縫紉了，追在孩子後面收拾他的玩具和衣服都來不及，有欣賞陶藝和花藝的時間，還不如趕緊鑽進角落去收拾散落的玩具汽車車輪和毛絨狗的眼珠子……

所以保母是如今很多優質老母通往詩和遠方的快速電梯。而現實生活中，別管是職場媽媽還是全職媽媽，如果沒有一個全職保母料理家務、照管孩子，別說什麼自我修養、自我成長了，恐怕就連每天按時吃上飯都不一定能實現。

「騰不出手」就是阻礙媽媽進步的重大因素。我也想把自己打扮得美美的，真絲包裙恨天高，拎個手包去上英式貴族禮儀課。但環顧四周，發現雞湯還在爐子上燉著，衣服還在洗衣機裡等著，滿地的塵蟎還在嗷嗷待哺，放學接小孩的鬧鈴也將在不久後響起，此時我忘了真絲包裙恨天高，也不想再要什麼英式貴族禮儀課。沒有精力去履行的願望清單，就像失去靈魂的東施效顰一樣，再學，也頂多學成個英式管家婆啊……

當媽後，要麼請個保母，要麼自己成為保母。前者可以制定高級時間表，後者自己活成了行走的時間表。

一般男人眼裡的女人分兩種：漂亮的和不那麼漂亮的。一般女人眼裡的女人也分兩種：有小孩的和沒小孩的。有小孩女人眼裡的女人也分兩種：有保母的和沒保母的。

大家都想要過有保母的那種生活，奈何往往過著過著自己就成了保母。

有保母的媽媽們有機會紅塵作伴，活得瀟瀟灑灑；而沒保母的媽媽總是落寞地發

每個媽媽都是時間管理大師

現，共享人世繁華的心還在，但策馬奔騰的時間都已被榨乾……

看著電視裡穿著雪白闊腿褲，只用限量版香水，動不動就去馬爾地夫散心，擁有濃密髮際線和緊緻腰臀質感的中年婦女，沒保母的媽媽們笑而不語地放下作業本，走進了廚房。

有保母的媽媽們還能「撒嬌」，沒保母的只能「撒潑」。

有保母的女人在深夜裡輾轉反側可能是因為愛情，而讓一個沒保母的中年婦女在深夜裡輾轉反側的，卻只有孩子的作業和明天的早飯。

假如你看到一個中年婦女灰頭土臉、蓬頭垢面，請不要問她為什麼不去保養皮膚、護理頭髮，你要知道作為一個殫精竭慮熬夜做手工作業，挖空心思做營養早餐，置頂的群聊永遠是班級群組的中年老母，她的每一分每一秒都是在創造價值的，像這種坐下來兩、三小時解放雙手，享受片刻自由時光的事，都是沒空的。

一個沒有保母的已婚媽媽，把大好青春貢獻給了雲配偶，把美好的節假日貢獻給了陪讀，把昂貴的晚霜貢獻給了枕巾，把聰明才智貢獻給了艱深數學題……

我一個朋友生完二寶後，請了個保母來幫忙，但仍覺得時間不夠用，然後置辦了全套智能洗碗機、掃地機、烘乾機、除蟎機、料理機……只為讓保母多從家務中騰點時間出來幫她帶孩子。

你看，連保母都懶得自己動手了，家務活和帶孩子真的是璀璨女性精力的巨大殺手，但也正是在這些事無鉅細的工作中，女人的實戰能力逐漸增強。記得有部電視劇中，當了六年全職媽媽的女主角回歸職場找工作，面試時對ＨＲ（人資）說：

「我當了六年全職媽媽，帶了一對雙胞胎，還有什麼能力是我沒有的？」

我們看到的歲月靜好著的女人，也許有一個保母在輔佐她負重前行，也許沒有，但精神上的壓力和內心的責任感是誰也分擔不了的。

大多數想分身卻又分身乏術的媽媽，只能在負重前行中尋找零碎的歲月靜好，努力把它們拼湊起來，織成一輪圓月，對自己說「今晚月色真美」。

沒有驚嚇就是最好的禮物

結婚十年，
什麼節慶和紀念日，統統都是禮拜一。

有一次，孩子他爹出門，我傳訊息給他，要他回來時給我帶杯咖啡。過了半天，
他回覆我說：「我不經過咖啡店啊。」
我說：「你開車兜一圈就經過了。」
他說：「你昨天不是說以後只喝熱水嗎？」
我說：「我沒說過。」他說：「咖啡喝多了不健康。」
我說：「不喝也並沒有多健康。」他說：「你怎麼老抬槓？」

總之就是他儲備了一萬多個理由，企圖說服我說出「算了不要了」。他有空跟我扭扭捏捏推推搡搡幾百個回合，但就是不想俐落地直接去給我買杯咖啡帶回來。怎麼，你難道沒有危機感嗎？

別忘了，你不珍惜的這個機會，也可能是別人求而不得的美差；你不願意做的這件事，總有一個人搶著想做。那個人，他絕不阻撓我的想法，從不打擊我的情緒，更不會嫌我吃得多；他不會以健康為藉口阻止我，也不會找各種理由推託；他永遠對我百依百順，永遠以最快的速度飛奔到我面前，滿足我的一切需求，從不對我說半個「不」字，他就是外送小哥。

時代的洪流正在向我們證明：女人的消費自由是不能被任何人阻止的，尤其是男人。然而，隨著層次的不斷提升，「消費自由」已經不是我們的目標，高層次女人正在追求「消費體面」。

什麼叫消費體面？就是我這場消費要忠於自我，不被詬病，還要風風光光，不留話柄，不用聽某人嘮叨，不用看別人心情。

比如體面地消費一杯咖啡，不光是一場口舌與腸胃的洗禮，更應該是一場精神與靈魂的慰藉，不允許存在汙點。有錢可以讓外送小哥隨叫隨到，但有錢又有本事的

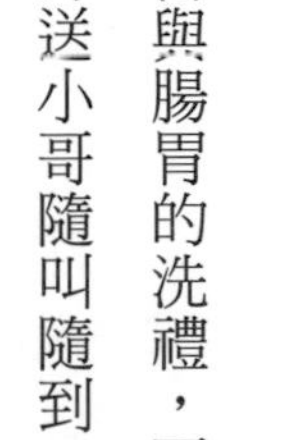

沒有驚嚇就是最好的禮物

人，應該不止於駕馭外送小哥，還得能駕馭跟你唱反調的人。於是我花了三秒鐘，買了一張五百塊錢的咖啡卡，甩給了雲配偶。

就像偶像劇裡財大氣粗的霸道總裁，丟了一輛跑車給女一號，然後說：「開著它，去給我買一把蔥。」事實證明，世上男女之間最穩固最不平和的關係，還是金錢關係。你看，五百塊錢的卡包一到手，他廢話也沒了，說教也停了，也正好路過咖啡店了，也不覺得咖啡不健康了，連順便多買一個甜點都毫無怨言了……十分鐘後，下午茶已經放到了我的書桌上。

呵呵，萬萬沒想到啊，少女時代夢想著自己能遇到一個霸道總裁，二十年過去了，**遇不到霸道總裁的我，只能把自己活成那個霸道總裁。**

這就是硬核婦女的消費體面。我們花的不是錢，那是愛與和平的橄欖枝，是用來降噪的。我們讓結婚十年的男女關係不但變得更純潔，還變得更純粹，純粹得就像我和外送小哥的關係一樣純一樣脆……

結婚前我想像中的體面，是逢年過節老公鮮花禮物必備，平常日子裡他溫馨驚喜不斷，我衣來伸手飯來張口，他會在椰林樹蔭的沙灘對我說「別工作了行不行，我養你啊」，我一不開心，他就啪一聲掏出一張卡，「一起逛街去」，我便破涕為笑，盡情撒嬌，做一個小公主就完事了。

結婚十年後我的體面，成了金剛狼該有的樣子。**什麼節慶紀念日，統統都是禮拜一。什麼驚喜和禮物，沒有驚嚇就是最好的禮物。**我會在驚濤駭浪的沙灘對他說「我也可以養你」，我一不開心，就啪一聲掏出一張卡，自己逛街去，我便破涕為笑，然後安靜地繼續強大自己並演繹歲月靜好就完事了。

當代硬核女人的體面，也許是某些女人眼中的「可憐」，人家拿著老公給的生活費處處開屏，而我們已經為了自己喝上一杯不矯情的咖啡而向老公甩出了鉅額小費。我差的是這五百塊錢嗎？我差的是當我想消費的時候不再聽到惹人心煩的嘮叨，區區幾百塊，買個清靜，順便還買到了一個大方豁達不拘小節的人設，值不值？能花錢去優化的事，絕不要花太多心思去苦苦鑽營與糾結。

體面地把錢花在刀刃上，是我們的目標。清靜與和平，是我們願意為之一擲千金的最大動力。這時候不存在什麼理性消費或衝動消費，這時候只有一種消費模式，那就是「我高興」。

就像我們不惜斥鉅資把小孩送去補習班一樣。記住兩點：**一、報班不要問老公，因為一問全劇終。二、不圖娃能成龍鳳，只求自己多點空。**只有在這樣雙原則之下的揮金如土，才能讓家庭穩定，夫妻和諧。這種豪邁的消費方式，為了「雙贏」而

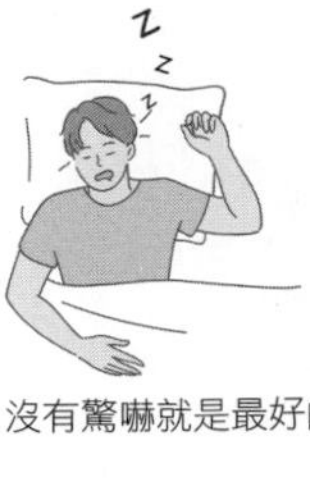

沒有驚嚇就是最好的禮物

不吝嗇金錢的消費觀，為了換取千金難買的東西而機智地掏錢刷卡轉帳的手段，堪比投資大師，贏過理財專家。一般人，懂不了已婚硬核女人的智慧。

女人的體面消費，是萬事不求人的消費，是盡在掌控、身心愉悅的消費！缺了這種獨立精神，就會去和老公商量，商量了就要不高興，不高興就要吵架，吵架就要生氣，生氣就要發洩，發洩就要買買買。你看，還不如當初直接買買買……

但別以為獨立消費意識崛起的女人都是「人傻錢多」，「缺乏理性」，其實她們可精著呢，畢竟家有「吞金獸」的女人們，財商每天都在進步。

已婚女人成了百寶箱

你有病，
她們就有藥。

有一陣子我連續做了幾次直播，第一次直播時我透露了近期我感冒咳嗽的事，一開始我沒當回事，以年輕時的慣性思維以為多喝熱水就能好，後來還是認命吃了抗生素才有所好轉。

下播後，打開後臺一看，又好笑又好哭。後臺一串的留言，全是治咳嗽的偏方。有的說枸杞燉蘋果，有的說羅漢果燉梨，有的給了花椒蒸的圖文解析，有的畫出了熱敷的點位，還有的說去找中醫推拿，連推拿診所的地圖都發來了……好傢伙，就

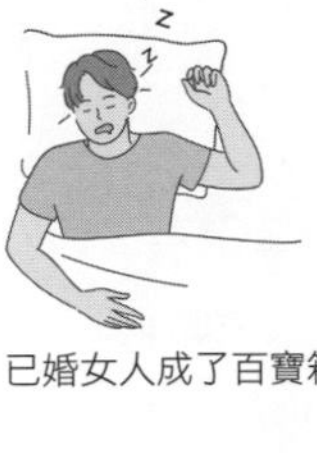

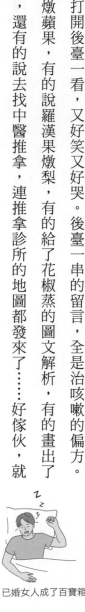

差直接跑到我家來給我把脈了！

第二次直播時我透露了自己那一天的行程，說最近老跑醫院。因為我婆婆剛查出了重病，我和我老公最近一段時間跑醫院已經是常態。我們倆現在都在自學惡補醫學理論、基因知識、EGFR（表皮生長因子受體）突變、標靶藥物的區別，以及各種相關的知識點。

我以為這屬於冷知識，沒想到直播完之後，居然也收到了一大串熱心的指點，有人推薦了可靠的醫院和醫師，有人給出了類似案例和經驗……

我首先是非常震撼，原來很多人其實都面臨著或經歷過這些事。其次是心疼，中年人真的很少有日子過得完全輕鬆的。哪個滿腹看病經驗的中年人背後不是一路的摸爬滾打和咬碎牙往肚裡吞啊。

結婚之後你會發現，單身時候一些大驚小怪的問題，在婚後會變得越來越渺小。已婚女人們開始慢慢摸索，做一些能夠省時省力的研究，多半可能也改變不了狀況，但能獲得內心的平靜。時間一久，只要一提和身體健康問題相關的事，準能立馬炸出一群「半仙」老母，她們半生的求醫經驗和自我提升總結出的各種江湖醫術，如果找個專業人士給整合歸納起來，興許可以拯救一半地球人。

已婚女人不僅是哆啦A夢的口袋，還是赤腳大夫的百寶箱。

人到中年，不偷偷學點醫學知識，真的不好混。就連不擅社交的十三姊夫，有了小孩之後也突然開始熱衷跟醫師交朋友，他十分努力地研究藥盒裡的說明書，為的就是帶孩子看病的時候能跟醫師聊上幾句。他問醫師：「你是打算給我兒子開氫溴酸右美沙芬，還是馬來酸氯苯那敏，還是乙醯胺酚，應該不是甲基偽麻黃鹼吧……」醫師肯定心想：「神經病，不都是感冒藥嗎？」雖然哪怕抬頭看他一眼都算輸，但那個醫師還是抬頭看了，那應該是一個專業醫療工作者對一個自學成才的中年人所表現出的最大尊重了。中年男人逐漸喜歡自學成醫，學成半吊子，但總比什麼也不懂要強。

我老公自從關注了一些醫學類網站之後，經常摸著自己的肚子沉思，沉思完了就會發出一些疑問，比如「我好像有脂肪肝了」、「我好像十二指腸需要檢查」……唉聲嘆氣一番之後得出結論：「我今天得早點睡。」但如果我發出一些疑問，比如「我好像老花眼了」、「我好像膝蓋不大舒服」，他就會說：「玩手機玩的。」

對待自己特別科學，對待別人全是玄學。

已婚女人成了百寶箱

而中年婦女們則更注重效率，擅長「以醫會友」。只要加入一個中年婦女比較多的群組，你有病，她們就有藥。我光是從聊天群組裡其他媽媽那兒學到的醫學知識，就勝讀十年書。

在老母群組裡，我第一次知道了一些皮膚病的治療方法，知道了胃的各種不舒服方式分別對應著可能的問題，知道了角膜塑型片是啥玩意兒，知道了牙科的各種門道……尤其是學會了解讀體檢報告。對中年人來說，體檢報告是大功率滅火器，專治各種不服。只要不體檢，我好像就沒病；只要不驗血液常規，我就不知三高為何物；只要不查心肺功能，就不怕血管爆表，還能繼續吼小孩拍桌和跺腳。但一旦體檢報告出來，那就是中年人的又一輪學海無涯苦作舟。我們通常會選擇先在中年人的群體裡循序漸進地接受那份報告。

有時在群組裡弱弱地問一下，會得到來自不同人的相似答案，很通俗易懂接地氣，總有那麼一、兩個久病成醫的中年人，會告訴你「都不是事」。

雖然這麼說不厚道，但對我們來說，看到大家都多多少少有點病，瞬間就會放鬆很多。畢竟人最大的病，是心病。治療心病，靠的就是放鬆。剩下的就是軟綿綿地躺在沙發上，來一杯陳年枸杞紅棗，面朝東方虔誠念叨：神啊菩薩啊太上老君啊玉皇大帝啊。瘋狂學了一頓專業醫學知識之後，把自己交給命運。

悄悄學醫，會有瓶頸，這就導致了我們每次看到專業人士都兩眼放光。前幾天我去參加一個活動，主辦方介紹了一位朋友給我認識，我本想寒暄一下走個過場就溜，結果一聽那位朋友竟然是精神衛生中心的主治醫師，我馬上就來精神了。

巧的是，對方一聽我是中年婦女及老母代言人，馬上也來精神了。供需關係的循環形成了……我們倆在那次活動上聊了很多，完全顧不上周圍的燈火輝煌、鶯歌燕舞，我們盡情暢談著精神方面的問題，從失眠到焦慮再到憂鬱，當下醫學對中年人普遍存在的精神問題的緩解與治療方式的進步，光聽君一席話，我覺得我已經被治癒了。

在場的各路大老，不管多大，在那一刻都沒有我們的精神衛生主治醫師大。中年人的安全感總是來之不易，但多一個醫師朋友，就會多一分自信。

但歸根到底，中年人還是不自信的時候多，疑神疑鬼已成常態。前兩天剛聽說有個老同學閒得沒事做了個基因檢測，發現自己的基因攜帶易發雙極性情緒障礙，然後就開始茶飯不思，一直在琢磨：「我到底什麼時候會發病……」還有的人，每掉一根頭髮都要惆悵半天：「我到底是腎虛還是甲狀腺有問題……」

有次十三姊夫頭暈想吐，跑去醫院，醫師讓他做個血液常規，他堅持要來個鎮魂

三寶——超音波、核磁共振加電腦斷層，還悄悄跟我說：「醫師不懂，不做全套根本查不出病來。」一頓折騰後什麼問題沒有，他一口氣喝了一杯冰可樂，說：「應該是累的，今天得早點睡。」

至於中年婦女，儘管也在悄悄學醫，有的還中西結合著學，但正如亞里斯多德說的：「你知道的越多，你不知道的越多。」所以，我們不自信的時候就更多了。每次吼小孩時總會懷疑自己心臟不大好，每次生悶氣總懷疑自己血壓有點高，每次熬會兒夜總覺得身體器官又退化了，晚上該睡覺的時候好像患了失眠，白天該工作的時候總覺得得了嗜睡症……

然後，打開搜尋引擎又是一頓偷偷摸摸地學習，得出的結論經常是「早發現早治療」，越看越嚇人。再加上隊友的「加持」，我們的不自信擴張了。以前絮叨幾句哪兒不舒服，隊友的臺詞從「多喝熱水」到「少玩手機」再到「你就是缺乏運動」，現在他又多了一項：「你大概是更年期……」

就連我那剛剛三十出頭的表妹都懷疑她自己是不是早更了，她拿出網上找來的「早更症狀」逐一對照，發現竟然一大半對得上！昨天她還給我分享了她從管委會借來的「寶典」，讓我一起學習。

行吧，中年人什麼都得學。我們已經透過帶孩子長大，學會了小兒內科的大部分醫學常識和常用藥知識，又透過帶長輩看病，掌握了不少心血管、骨科、內分泌科、外科甚至腫瘤科的知識。

雖然沒人想設身處地地踐行這些知識，但生而為人，又正好是夾在當中的中年人，我們正在逐步逼近把這些知識用於自己的歲月。至少《婦女更年期衛生》應該是一本好書，值得我們一起悄悄學習，然後驚豔所有人。

中年人的歧視鏈

一、孩子；二、父母；三、貓；四、自己。

有一年春節前，我老公去醫院拔了一顆牙，花了幾千塊，回來哭哭啼啼，捂著滾圓的腮幫子說：「拔牙也太貴了，嗚嗚嗚……」

這時我媽恰到好處地出現了，看著這個多愁善感的女婿，神色凝重地說：「你們現在身體還算硬朗（**自己什麼體格心裡沒點數嗎**），以後逐漸就要開始把錢用在看病上了（**別像沒見過世面似的一病就弱了**），我們中國人喜歡存錢其實就是為了看病用的（**以後你們要花錢的地方多了去了**），要有心理和物質準備（**別沒事就哼哼**

老公這種生物，

身體或靈魂

總有一個在馬桶上

唧唧的）……」

聽完這番話，十三姊夫更憔悴了，他說：「唉，本來存錢還以為是要花在刀刃上的呢！」

我媽說：「看病不就是刀刃嗎？以後還有別的刀刃，你們的刀刃要越來越多了。」

十三姊夫無語凝噎，眼眶裡泛著晶瑩飽滿的水珠，也不知是因為牙疼還是因為聽懂了丈母娘對刀刃的解讀。

果然薑還是老的辣，真是聽君一席話，勝殺十年豬啊！

後來我把這事講給朋友聽，以為她會首先感嘆拔牙太貴，再感嘆人生太累，沒想到人家上來就不屑一顧地說：「拔牙算什麼呀，植牙才叫刀刃鋒利。」

「你已經植牙了嗎？為什麼要植牙？」

「為什麼？刀刃之所以是刀刃，是因為沒得選，沒辦法啊！」

可不是嗎？年紀越大，沒得選的消費越多，刀刃越鋒利……

就拿養小孩這個最大的刀刃來說：孩子小的時候，我覺得刀刃頂多就是進口奶粉和紙尿布。後來發現刀刃還有早期教育課程和補習班……再後來，音體美的刀刃已經磨刀霍霍，鋼琴、畫畫和舞蹈，學的不是藝術，是如何在刀刃上「旋轉、跳躍，

我閉著眼，塵囂看不見，你沉醉了沒……」跳繩、游泳、羽毛球，練的不是體能，是如何在刀刃上「白雪、夏夜，我不停歇，模糊了年歲，時光的沙漏被我踩碎……」

打開孩子的書包，那一本本明晃晃的是課本嗎？那都是刀刃。

起初，只有看不懂的艱深數學讀不完的英語是刀刃。後來，語文和作文也把自己磨得鋥亮。歷史地理物理化學見到這一幕也脫下了刀鞘。道德法治、資訊科技和生物本來只是純路過，也忍不住一起加入了磨刀大隊。整一個零售轉批發，湊個「血滴子大禮包」……每個月夜黑風高，一科一個人頭，我家人頭都不夠收的。月底一對信用卡，嘿嘿，不知帳單誰裁出，補習機構似剪刀。

我生的不是小孩，他是小李飛刀，例不虛發，刀刀見血。

但也有好處，好處是：蝨子多了不怕癢，刀子多了不覺疼。有人肯定會說：這還不都是你們自找的？不被宰割不就完了嗎？那您可太小瞧中年人了。雖然大多數中年人還沒實現財富自由，但他們已經實現了刀刃自由。區區幾個刀刃，我們沒在怕的。

曾經我以為，刀刃會一直延續到孩子考完大學，進了大學就不用花那麼多錢了吧！

一個今年剛考進大學數學系的女生的媽媽已發來賀電：「當代大學生的寒假生活：除了線性代數、托福詞彙、程式設計，還有週二晚上拉丁舞、週日下午的芭蕾、週一三五練古箏。」

她說：「我都上岸了還在出學費。看樣子我女兒是要當一輩子刀刃了，我驕傲了嗎？」

哦對了，這位沒有驕傲的媽媽，連自己的微信名字都改成「刀刃」了。

如果中年人的刀刃只有孩子，那問題不是很大。

很可惜，有些事就是相輔相成的。你在刀刃上被割得越久，身心就越容易出現問題，於是沒過幾年，我們周邊就裂變出了更多刀刃。

前幾個月某一個陽光明媚的下午，我和朋友去喝了杯咖啡，只是想喝咖啡而已啊，但命運往往就是這樣，喝著喝著刀刃來了。

她說：「我給你介紹一個很厲害的老中醫。」於是第二天我們就去看老中醫了。掛號費上千元。

老中醫開了方子，說：「先給你開兩週的量，吃完再來，連喝九十天，再看……」

我拿著沉甸甸的方子，心想我其實也沒啥毛病啊，我到底要調理些什麼呢？

後來朋友的一句話打開了我的心結：「調理什麼不重要，重要的是不調理就感覺哪裡都不舒服。」可不是嗎？花錢買個安心，買個自信。刀刃的作用除了割肉，也有良性的一面——救贖靈魂。

這樣的刀刃，越來越多了。每年的自我安慰型保健養生，自我陶醉型護膚健身，自我放逐型旅遊度假，自我解壓型吃喝玩樂，自我偷閒型保母鐘點工……哪一樣不是華麗麗的刀刃。

還真是刀刃越多，靈魂越踏實。

一位媽媽說去年努力賺外快，攢了二十萬，本想著應付小孩的寒假班刀刃綽綽有餘了，結果前幾天突然發現老公已經脫髮脫到頭禿，帶孩子出去時被別人叫「爺爺」……最後，她一咬牙，二十萬拿出來帶著老公去做了個進口植髮。

嗯，中年人的尊嚴值這個價。

我感覺這是一位了不起的太太，從此以後她每次見到自信滿滿的老公時，會不會感覺那一頭飄逸的秀髮就是一把把矗立在頭頂的尖刀……

防禿治禿也已經和對抗三高、防猝死一樣，成了無數中年人眼中最不能少的刀刃。每次看著自己不想買又覺得不得不買而大手一揮入了坑的一堆保健品，總是勸自己：胖點就胖點吧，頭髮少點就少點吧，只要活著就行。

實現了刀刃自由的中年人，最怕的是有種刀刃還有鏽。就比如有位朋友說：「對我來說，每一筆錢都恨不得只花在最鋒利的那個刀刃上，可偏偏雲配偶此時還要改裝什麼破車，這是扼住我命運的喉嚨的真正凶手。」

刀刃的痛點終於來了。雖然雲配偶承諾改裝車用不了十幾萬，但她仍覺得這是沒必要的開支，絕不同意。

後來我問她：「如果是孩子的一對一精品補習一年學費十幾萬，你願意付嗎？」

她毫不猶豫：「那當然！我們家孩子現在一年的補習都不只十幾萬了好不好！」

我說：「那不就得了，你就當給孩子多報了一門課。你想啊，孩子去補習，也不見得成學霸，但你老公改裝完車，起碼能開車帶你紅塵作伴活得瀟瀟灑灑，策馬奔騰共享人世繁華，多拉風！你們的刀刃也不能只有孩子呀！」

她若有所思，似乎覺得很有道理，但三秒之後她又說：「不，我們不配。」

原來，**中年人在刀刃上舔血也是有歧視鏈的，如果非要給刀刃排個序的話：一、孩子；二、父母；三、貓；四、自己。**

完美的生活

知道得越來越多，
對男性生物的要求就會越來越少。

我家爺倆共同對我表示了不滿，理由是我最近不熱衷家庭事務（做家事），也不參與子女成長（管小孩），我這散漫程度，不知道的還以為我是個什麼單身女大學生。

眾所周知，鋼鐵直男的表達方式異於常人，要不是我在這個家待了這麼多年，我也不會知道他倆說「你還知道吃飯啊」已經算是一種很強烈的抗議了。唉，也是，最近一段時間除了吃飯，我基本上不跟他們照面或聊天。

以前我們家的模式是：「兩名室友共同撫養一個孩子」。現在我們家的模式是：

「三個室友共同撫養一隻貓」。

如果沒有我家貓（柚子），我們一家三口連個共同紐帶都沒了，除了吃飯，其他時候交流經常靠手機就能完成。唉，房子大就這點好，等你的小孩到了青春期你就會懂，家庭人均獨立占地面積達到五十平方公尺以上才能實現民主文明和諧誠信友善……

最近，我們家這種「人各有志」的局面越發明顯，我在我的房間裡工作學習，兒子在自己房間裡寫作業（磨蹭），他爹在他的房間裡創造剩餘價值（玩電烙鐵）。一打開朋友圈，看到別人家整整齊齊地在旅行、在春遊、在看電影，好溫馨浪漫。再一想我們家倒是也整整齊齊的——我們整齊地希望不要被其他人吵到。我還是更願意待在家裡，外出活動只能出現得恰到好處，而且要堅持三原則：低頻、低調、低消耗。外出活動只能當成生活的點綴，我的主色調還得是獨處。

幸好我們一家人都是差不多的色調，有個朋友就沒這好運，她上週還吐槽說老公和兒子黏人，連到樓下遛個狗也非要拖著她一起。我只能勸她耐心等待，誰讓她兒子現在才五歲，等到他十五歲再看看。

人到了一定年紀，真的只希望大多數時間各歸各做自己的事，能一個人想靜靜待著就靜靜待著、想集體活動就集體活動，那就是完美生活。

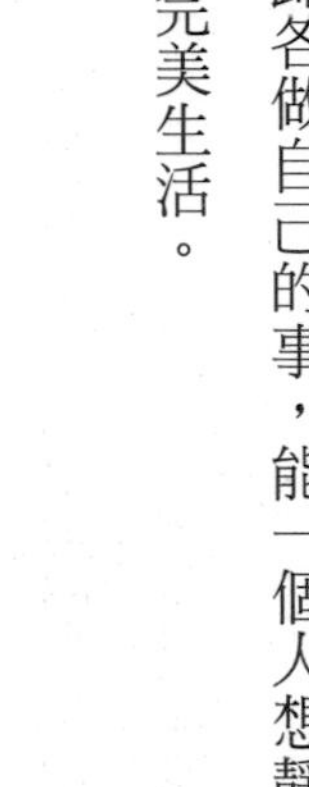
完美的生活

在我開始讀心理學之前，我們家還有點人氣，因為我會東竄西竄地串聯起這個家的熱度。但現在，能支撐我東竄西竄的唯一動力就是我滿屋子去炫耀自己作業成績的時候（鋪墊了這麼多，得秀一下我的成績單）。

其實這成績對我造成了一些困擾，畢竟學神也有學神的煩惱。

第一週得了超滿分，第二週又是超滿分。我都慌了，糟糕！老師該不會是想讓我直升博士班吧！不行不行，我哪裡有空啊！

到了第三週，我滿懷期待能扣點分，結果真是應了那句話：「人生不如意事十之八九。」怕什麼來什麼，你猜怎麼著，又是超滿分……我更慌了，糟糕！老師該不會是想讓我去跟他當同事吧！這可不行，我還有一堆自己的工作呢，哪裡有空做那個呢！那種內心糾結的感覺，就像我剛考完大學就看到北大和清華的招生主任都在我家樓下準備攔胡。

終於到了第四週，我欣喜地發現我的作業被扣了兩分！這個作業是關於「自由意志」的，我的自由意志很顯然受到了「對滿分的恐懼」的裹挾，特意沒好好發揮。

人生第一次因為扣分而感到放鬆，滿腹壓力竟然得到了消散。我抱著最新的成績單滿屋子亂蹦：「太好啦，我被扣分啦，我被扣分啦！」

爺倆看著我一臉狐疑。這也難怪，他們哪裡知道作為一個學神的我內心承受了這麼多不該承受之輕。過了半天，孩子他爹對我說：「你哪裡是學神，我看你是學神經了。」咳，學神和學神經又有什麼區別，反正在正常人眼裡都不正常。

我最近的新晉偶像是心理學第一門課的教授。在情人節前夕他從專業角度解讀了一下愛情，最後說自己渴望在戀愛關係中成為被甩掉的那一個，因為據說「被甩的一方通常更痛苦」，他願意做那個背負更多的人，但他又說了：「可惜一直沒有實現。」為什麼沒實現？教授留了一個開放式結尾給我們，這是高手。果然，優秀的男人一定不會讓人一眼看透。但一眼看不透的男人不一定全都優秀，比如十三姊夫吧，我也猜不透他今天又會跟我掰扯數學物理還是俄烏關係，但不管掰扯什麼，都對我的身心健康沒有什麼作用。

這類男人就像一本書，讀不完（讀不下去）也記不住（沒啥好記的），就和他讀《百年孤寂》的感覺類似。所以看不透分兩種，一種是很深邃沒法看透，另一種是看不看都差不多。

教授給我們講存在主義之父齊克果，花了特別長的篇幅介紹了這個渣男的愛情故事。於是情人節那天晚上，我特意給十三姊夫講了這個故事。

齊克果這個「富二代」跟一個十五歲的少女相愛，談了三年戀愛，感情好得要命，

然後就訂婚了。訂婚後這個渣男在家裡仰望星空，胡思亂想，突然腦子裡冒出了人的本質——說每個人要構建自我本質，要對自我負責，不隨波逐流，換句話說，不能你們社會覺得我們該結婚我就要結婚，這不是我，這是你們以為的我。

你說這是不是個典型的神經病？呵呵，渣男絕不絕，就看他懂不懂心理學。渣男雖然始亂終棄，但他成了「存在主義焦慮」的典範，還變成了「存在主義之父」，更奠定了「人本主義」的基礎，名垂千古了。

我口若懸河地講完，期待十三姊夫從男人角度說說對這個渣男的批判。他哼哼唧唧了半天，一拍大腿：「人才啊，還好他沒結婚，婚姻可能會葬送一個偉大的哲學家。」然後又補了句：「我要是沒結婚，可能也會成為一個偉大的數學家。」

男性的思維，彷彿是搭建在自己用積木拼裝出來的一個虛空的高塔上，他以為自己站得很高看得很遠，從來不知道在我們女性那些接地氣的評價體系中，**站得高的不一定叫偉人，也可能只是個雲配偶。**

原以為我們家只是人各有志，現在才頓悟我們更像是生活在不同平行空間的生物，思維的無交集已經板上釘釘，沒救了。

以前還以為兩個生物能透過孩子這個紐帶而打成一片，現在才知道我們能不打成一團已經很不錯。

從另一個心理學角度來看，**男人經常不從女人認為的正常角度去解讀一些東西，是源自男人的天然屬性。**

從心理學理論屬性出發來看，男性在面對壓力的時候要麼戰鬥要麼逃跑，只有女性在面對壓力時才會願意照顧他人和結盟。既然不能跟我們戰鬥，他們選擇「逃跑」也就是唯一的路了。

所以我也知道為什麼我們家兩個男性不會選擇文史哲，只會埋頭於數理化，因為在這個家裡，文史哲的天花板已經有我了，他們只能選擇逃生。

好在我知道得越來越多，對男性生物的要求就會越來越少。人各有志，放之四海皆可行，即便在三口之家裡，也應該允許每個人有自己的一個世界，交集少而精即可，不要過度纏繞撕扯。

我想說，一個中年老母如何讓自己的生活變得沒那麼雞零狗碎和心煩意亂呢？有兩個比較容易被驗證的方法：

一、一個保母可以解決生活中百分之九十以上的煩惱。

二、一件喜歡的事可以讓你拋開百分之九十不喜歡的事帶來的負面情緒。

缺點是：這兩件事都不便宜。

所以，好好賺錢是快樂的本源。

完美的生活

智者不入愛河

成為「大哥的大哥」之後，
我們就是智者了。

我有個朋友立誓要考註冊會計師，正日夜投身在學習之中，鬥志昂揚，全力以赴。為了安心用功，她連五歲多的女兒也顧不上了，直接把孩子送去了外婆家。

一個週五晚上她氣呼呼地跟我說：「我老公太煩人了，老是來騷擾我，一會兒說要帶我去吃宵夜，一會兒說帶我去逛夜市，一會兒說去看電影，一會兒又說要我幫他選衣服，居然還想趁女兒不在家跟我談情說愛啊，還讓不讓人念書了！煩人！神經病！」

唉，曾幾何時，黏人的小嬌妻連出門買根冰棒也必須拖著老公陪伴……如今，面對一個偶爾想兩人世界玩點浪漫的老公，中年婦女的氣不打一處來。

女人果然是會變的。

時過境遷，女人到了一定歲數，大多都能找到某種超越兩性關係、超越家庭束縛的東西。在不同年齡層裡，女人心裡的主次、輕重都是不一樣的。

我在聊天群組裡聽說一個小女生鬧離婚，每天情緒跌宕起伏，要死要活，可她結婚還不到兩年……婚姻沒磨到一定年限，依然像個涉世未深的小女孩，把老公啊、感情啊、兩人相處的細枝末節啊，看得比什麼都重要，為了思考「老公是不是不愛我了」而耗盡氣力，把自己整得跟林黛玉似的。

夫妻關係固然對情緒影響很大，但結婚多年後的我信了一句話：時間是最好的老師，教會我們一切書本上沒有的東西。越長大，就越自然而然真正成熟了。等婚姻過了十年的節點，女人大腦的內存所剩無幾，壓根就沒空間擺放「他還愛不愛我」這種事。

愛又怎樣，不愛又怎樣，你無法要求別人愛你，就像別人也無法要求你愛他一樣。但你們可以互相要求對方維持一種體面，彼此尊重，共擔責任，**做好婚姻的合夥人**，不要因為自己掉漆而影響了另一半的投資回報，這就是最理智的出路。

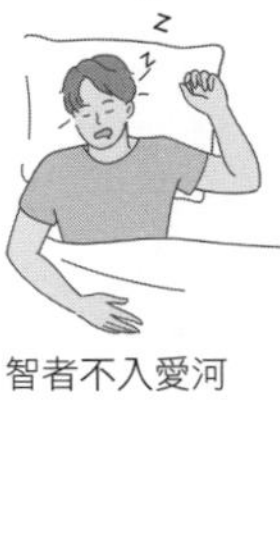

週末時，聊天群組裡有個朋友說她被老公氣得肝疼，帶著孩子出門了，還不解恨，於是大家都想盡辦法安撫她，但又安撫不成。其實到我們這個修養，勸慰女性朋友真的不必問吵架的具體緣由和過程，重複那些心煩的事並不會讓人心情更好，治療中年婦女心病最有效的還是得連根拔起。然後我特意為她寫了一首詩：

智者不入愛河，怨種重蹈覆轍。男人點綴生活，寡王一路碩博。鐵鍋燉隻大鵝，你我終成富婆。呵呵。

就差配個敲鑼打鼓了，否則氣氛更好。當然，這個「呵呵」不是狂妄、傲慢或蔑視，而是一種淡然、豁達與放下，是厚重塵埃飄然而出逐漸散盡的虛無與混沌的結合體，是一萬六千五百七十八句話掛在嘴邊沒吐出最後濃縮成一句感嘆的極致凝鍊。

很多男人用了幾年、十幾年、幾十年的時間，把自己的老婆培養成了大哥的大哥，如果女人還用大嫂的心態來審視這段關係，那就容易產生訊息不對等，傷心難過和委屈就會油然而生。

成為了大哥的大哥之後，我們就是智者了。不入愛河，一路碩博，富婆生活，這才應該是作為智者的我們該有的追求。格局要大，哪怕已婚，我們照樣可以成為寡王，已婚人士寡起來更上一層樓。

我們更願意一個人專注於真正能讓自己昇華起來的孤寂之中，而不是沉於鍋碗瓢盆的熱鬧裡。然後再去看待一切，就很容易產生一種「賺來」的感覺。就算財富上還不能自由，至少我們從精神上先自由起來吧。

自從我開啟了「一路碩博」的人生旅程，看很多事都順眼多了，這倒不是知識給了我力量，給我力量的是我不太夠的腦容量——顧了這頭就真的顧不了那頭了。這倒讓我更加明白，原來智者的智慧不在於面面俱到，而在於有的放矢。所以你見過寡王秀恩愛嗎？那都是不長久的、會消失的。只有握在自己手上的東西不會消失，比如成績單……

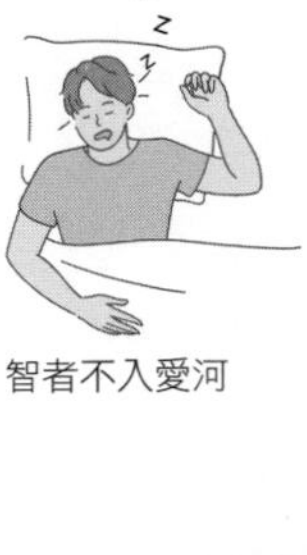

讓我一個人好好待著

本來我一個人在家好好的，老公為什麼突然回來，壞了我大好的獨處時光？

這學期我的心理學教授要求我們每天記錄自己的「紅綠活動」，這已經成了我這兩週以來心頭抹不掉的朱砂痣與白月光。簡單來說，綠色事件就是有動力的、喜歡做的、興致高昂的、期待的，即使身體疲勞也願意做的事情；紅色事件就是不喜歡做的、讓人感到筋疲力盡的、需要大量精力和自我控制才能做好的事情。

每天這麼記錄著，我不由自主地跑偏了，很容易變成了記錄「哪些事讓我高興」和「哪些事讓我心煩」……不過呢，雖然有點跑偏，但這個方向卻也打開了我新世界的大門。

比如我吃了個甜品很好吃，嗯，綠色事件。收到個考試通知感到焦慮，唉，紅色事件。上週拍了一個廣告很好玩，綠色事件。拍完後發現鏡頭中的我整個人圓滾滾，紅色事件。作業還一個字沒動，紅色事件。作業終於寫完了，綠色事件。我兒子出去考察三天，綠色事件。可惜他爹還在家，紅色事件……

自從學了這個心理學，我每天都在紅綠交替中匍匐前進，把每件事都給有色化地歸了類，誰不想多一點開心事呢，所以我現在天天期待被「綠」。

終於有一天發生了一件事：十三姊夫突然在下午三點多提前下班回到家。那一刻，我開始思索一個終極問題：這算什麼事件？紅的還是綠的？

紅的，肯定是紅的。

本來我一個人在家好好的，你為什麼突然回來？我這大好的獨處時光，本來是很綠的，你一出現，唰一下就紅了。

於是我又開始思考一個更深度的問題：我老公什麼時候給過我綠色？好像還真不多。唉，人生第一次，真希望他能多「綠」我一些……結果我越想越氣。

這個男人打破了我的獨處時光，如同一道閃電劃破了靜謐的天際，他還挑了個我

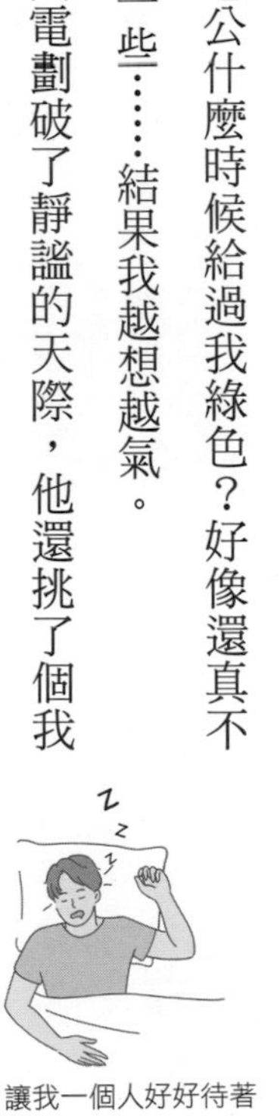

讓我一個人好好待著

最需要安靜工作的時候，徑直走進了我的書房，開始絮叨一堆廢話。具體說了什麼我也沒有聽進去，我只看到他臉上飄著一行彈幕：「想被我綠嗎？沒門，我又來給你添紅啦！」

唉，此刻我感覺我的紅綠活動反思報告就快有眉目了：標題不如就叫〈中年婦女最大的綠色就是一個人待著〉吧。

這個紅綠活動記錄和反思想得我走火入魔，每天一睜眼就好像有一個大的框架——嗯，今天陽光明媚，我心情應該不錯，看啥都順眼，滿世界都是綠色……要是陰天下雨，主基調都紅了，看誰都是紅的……我整天腦子嗡嗡的，一想到這個紅綠作業，眼前就飄過很多幻境，紅綠燈、股票大盤、卷子上的叉叉、紅鯉魚與綠鯉魚與驢……

於是我覺得是時候好好歸納總結一下了，我們中年老母的綠色活動和紅色活動到底有什麼。然後我做了兩份問卷，一份是綠色活動統計，一份是紅色活動統計。分別回收了二百五十四份來自中年老母親的答卷。

要不怎麼說：瞭解自己的還得是自己啊！

透過統計數據發現，**中年老母的「綠色事件」中排名第一的，果然就是獨處！紅色事件排名第一的，是「解決家庭糾紛」，通俗來講就是「吵架」。**

紅色事件中緊隨其後的，非「教孩子功課」莫屬。

綠色事件排名前五位的：獨處、旅遊、讀書、專注於自己的興趣愛好、三兩閨密好友聚會。

紅色事件排名前五位的：解決家庭糾紛、教孩子功課、做家務和做飯、與父母公婆等長輩相處、與配偶商量事情。

看這個統計結果的目的也不是光讓我們自己更瞭解自己，我覺得更重要的功能是讓處在紅色事件表中的相關人員，更瞭解中年婦女情緒的根源。

我給十三姊夫看了綠表的第一和紅表的第一，問他能總結出什麼，他幾乎脫口而出：「**你喜歡一個人待著，不喜歡我們在家製造糾紛。**」

你看，但凡小學畢業，有基本邏輯，連大直男都能瞬間總結出我們的愛恨情仇，簡單又粗暴，直觀又明顯。

這種啟發式的數據洗腦教育，比我們苦口婆心嘮叨一百遍都管用。

話說回來，紅綠活動記錄的初衷是為了覺察自己的性格優勢，在生活中發揮性格優勢的事件是綠色的，反之是紅色的。但仔細想想其實結論差不多，所謂性格，都

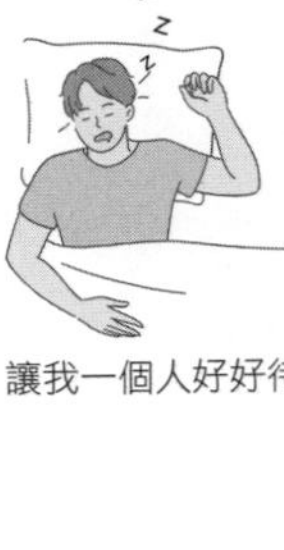

讓我一個人好好待著

是生活磨出來的。如果你每天被磨得通紅，性格再有優勢也綠不起來。

所以現在我們有了新的目標：多為自己的「綠色事件」鋪路，努力讓自己開心；在遇到「紅色事件」時提前預警，控制火候。

總之，想要生活過得去，每天都得有點綠。

女人最好的武器

對婚姻沒什麼期待的人，
老公每一次上完廁所刷馬桶都算好人好事。

有個朋友給我看了某位「女權主義領袖」的演講，這位「領袖」說「女性保護自己的最簡單方式就是不婚」，她還說：「離婚創傷給女人帶來的打擊遠大於男人，為了遠離這種創傷，女性最好的武器就是單身。」

看完這個演講，我朋友說：「聽著感覺是在胡扯，但又好像有道理的樣子，是怎麼回事？」

我也細品了一下，我發現這應該不是有道理，而是胡扯得很巧妙。女性還容易遭

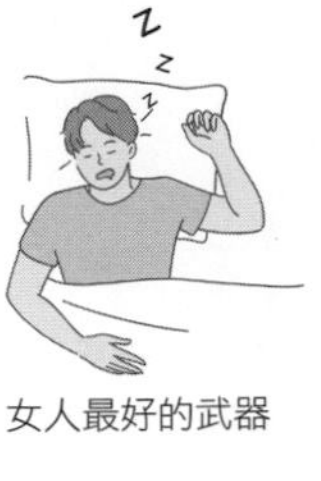

女人最好的武器

遇職場ＰＵＡ呢，所以女人最大的武器就是不要上班？女性走在馬路上被撞死的機率比不出門高百分之五十，所以女人最大的武器就是別出門？女性面對可能會遭遇的創傷時，最大的武器應該是自我強大及成長的能力，而不是因為怕離婚就一定要單身，那你怕死為什麼還要活著，早點擺個優雅的姿勢直接去世多好。

我把這個影片給十三姊夫看，問他作何感想，他說：「其實挺好的，這樣的女人最好別結婚，她不結婚對男性來說也是一種福音。」

我感覺十三姊夫和這位「女權領袖」是很登對的哲學家，可以在意念層面過招三千個回合，他倆要是早認識十五年，估計十三姊夫得娶了她來證明對方輸了。

當然，這位「領袖」的言論中有一點我還是認同的——離婚創傷對女人的傷害比男人更大一些。但這裡有一個關鍵問題：女性離婚後不一定只有創傷，也許更多的是擺脫了不幸福婚姻的枷鎖後獲得的快樂啊，一個強大的女性，即使在婚姻裡也能把自己活出單身的灑脫，更別說在離婚後了。

韓國有一個挺紅的綜藝節目叫《我們離婚了》，其中有個女人說離婚原因是「丈夫不在乎、不尊重我，感覺自己沒有存在感」，參加這個節目時，節目組把她和前夫關到一塊同居三天，目的是彼此反思婚姻。這期間，前夫每天叫來朋友一起吃喝玩樂，依然是對她沒有半點在乎和尊重。想必這位女性最後的一點對婚姻的所謂「反思」也破滅了，既然已經離婚了，就不會有什麼反思，她很高興看到丈夫還是那副德行，她離婚離對了，能不高興嗎？

節目中有位心理專家說：男人在離婚後，主要會覺得孤獨，但比較容易恢復；而女人離婚後心理低落感更嚴重，還會被貼上「人生失敗」的標籤，在偏見中生活，很難走出來。

其實每一位離了婚的女性，或多或少都會試圖給人釋放一種「終於解脫了」的快感，這種要強的心態挺辛苦的，有不少人承受著他人異樣的眼光、非議、指點，內心壓力很大。

據說華盛頓醫科大學曾經做過一項研究，為人一生遭受的壓力排序，排第一的是配偶的死亡，第二位是離婚，第七位是結婚，第九位是與配偶和解……也就是說在人生壓力排序的前十位中，有四個都與婚姻有關。

你看，要是沒有婚姻，我們的壓力會少很多，精神會健康很多。這一點我也深有體會，如果沒結婚，我的情緒穩定性肯定不是現在這樣，如果沒孩子，我的精神正常程度也能保持在高水準。人生的種種壓力，有很多成分來自婚姻，其餘壓力也可

能會因為一段不給力的婚姻而變得加劇，那麼人為什麼要結婚？

說到這個我又想起韓國另一個綜藝節目叫《我們結婚了》，短短幾年過去了，《我們結婚了》已經不復存在，《我們離婚了》成了爆紅節目。這個節目延伸出去還能再做一系列節目：《我們復婚了》、《我們又離婚了》、《我們再婚了》、《前夫／前妻和別人結婚了》……

總之，真是時代不同了，離婚已經是一種新常態，不但能成為茶餘飯後的談資，還能搬上螢幕成為普羅大眾的精神案例，大家真的把離婚後的生態作為一個專業課題來研究了，以前螢幕裡能打動人心的都是求婚場面，現在螢幕裡讓你哭讓你笑的還有離婚。冷靜地看待離婚這件事，把它提升到了和結婚一樣的重要程度，這是進步。

女人從「單身」到「回歸單身」，這中間彷彿一場歷劫，把單身過得好的女人很精彩，把「回歸單身」也過得好的才叫真本事。

「離婚」這個詞只有人類使用，地球上的其他所有生物都沒這一說。這說明人類是最愛沒事找事的，事多，發明了結婚，還要發明離婚，呵呵。

以這個邏輯來推論，就不難發現，離婚率可能和主觀因素的關係更大一點。這倒不是泛指所有離婚的人都是沒事找事，但喜歡沒事找事的人肯定更容易離婚。就像我們這些經歷過十年婚姻的女人，都有過一段喜歡沒事找事的階段，一天有三百多次懷疑嫁錯了人，五百多回想離家出走。但過了那個階段，我們懶得想這些事了，婚姻反而穩固了。

我看過一部影片，一個年輕、樸素的少數民族媽媽被問到關於「愛情」和「婚姻」。

有人問她：「你能接受沒有愛情的婚姻嗎？」

她說：「我們一直是可以接受的。」

又問：「結婚的話會先談戀愛嗎？」

她說：「不談戀愛。」

「那是怎麼認識的呢？」

「都是相親過後幾天就結婚了。」

「結完婚之後你覺得有愛情嗎？」

「沒有。」

回答得很堅定，說完她還露出純真甜美的微笑，一張沒有被歲月摩擦過的臉，沒有被社會腐蝕過的表情，眼角還流露著與世無爭的灑脫，背上的小娃娃歲月靜好地成長著，他可能這輩子也不會知道自己的爸爸和媽媽根本沒有愛情，他們在一起就

是為了繁殖出自己……

這樣的人其實大有人在，你可以說她們思想陳舊、封建、落後和不幸，但說人家之前，各位可以先摸著自己的六層肚腩捫心自問一下：「咦？難道我有比她好到哪兒去？」很多女人和她唯一的區別就是談過戀愛，期待過婚姻。

到頭來，殊途同歸，有時候還真不如像她一樣從來不期待什麼愛情，也就覺得婚姻就是搭夥過日子、生孩子，哎喲，還不錯哦！

所以對婚姻沒什麼期待的人，不但離婚率低，而且心情還挺好，婚內婚外都當自己單身，配偶的貢獻是獻愛心，男人每一次上完廁所刷馬桶都算好人好事，女性的滿意度能不提高嗎？

女性最好的武器並不是單身，而是無論當下什麼狀態都能說服自己創造更好狀態的能力，最優雅的女性生存狀態不是一路都遇到幸福，而是一路不管遇到什麼都有充足的底氣和強大的心態。

離婚和暈車一樣，最難受的是想吐吐不出來。所以，沒能把自己隨時隨地活出單身的節奏，就很容易暈車；**堅持做到別被生活蹂躪成自己不喜歡的樣子，這是最好的武器。**

擇偶標準

只要話少，身體好，
自己能洗澡就好。

有一段時間，「網紅李子柒的擇偶標準」成了熱聊話題，她說自己的擇偶標準很簡單：「善良和孝順是第一位的，加分項是會挖地。」

聽完這話，有人開始「燉雞湯」了——「挖地的背後，代表了一個優秀女人回歸平淡的接地氣」，「回歸平淡論」竟然都成正能量了……

回歸平淡？醒醒，會挖地，是人家擇偶的必要非充分條件，這不是回歸平淡，恰恰是不甘平淡啊。要知道，有多少女人正是在擇偶時沒有說清楚「會挖地」，才導

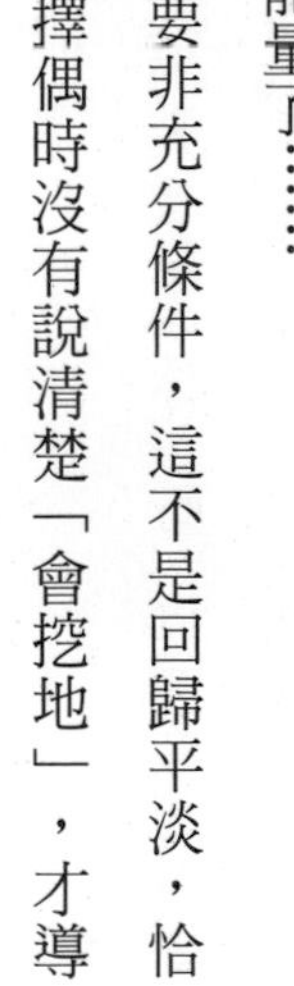

擇偶標準

致後半輩子都是自己挖地……那才叫甘於平淡，懂嗎？

聰明如李子柒，一個小小的「挖地」就是女人的大智慧。你想呀，是要多麼有趣的靈魂，才能在滿足了各種「基本條件」之後居然還會挖地……連地都會挖，那他得掌握多少感人技能。真的，無論男女，找結婚對象就和找工友差不多，你是想找個什麼都會的一線工友，還是想找個老闆？

當然，也有一些男性在理解力水準有限的情況下，評價李子柒的擇偶標準「很俗」：「我們辛辛苦苦讀書又勤勤懇懇工作，有身價有品味有房有車，甚至有博士學位，到頭來卻還比不上一個會挖地的？」

我感覺他們也挺自嗨的，說得好像只要他們會挖地就一定配得上李子柒似的，更別說他們還不會。

這讓我想到了一個朋友和初戀男友的故事。當時她覺得男友邋遢，就對他說：「我喜歡愛乾淨的男生，至少每天能收拾自己的髒衣服和床……」結果那男的說她任性，要求太高。

由此可以看出，其實有些男人不受歡迎並不是因為他們不會挖地或不愛乾淨，而是因為他們覺得自己除了挖地和愛乾淨以外，什麼都會，什麼都好，於是眼光很高而且不願受委屈。然而很巧合地，女方需要什麼，他們就正好沒什麼。比如女性希望男人浪漫溫情會哄人，他們會說：「我為了家庭披荊斬棘忙於事業，到頭來比不上一個會哄女孩子的渣男？」如果女性希望男人顧家會做家務，他們會說：「我橫掃職場降妖除魔多強，難道還不如一個沒出息的宅男？」要是女性希望男人多帶孩子多陪小孩，他們會說：「我天天忙裡忙外賺錢養家，我容易嗎我？」

你看，當女性說她想要A，有的男人就會說「我有BCDEFG，你還要什麼A啊！女人，你好貪婪！好庸俗！」

當然，我不是純針對男性啊，很多女人也理解不了男人的點，這就是人類永遠無解的兩性障礙。如今這個時代，越來越獨立自主的女人們擇偶已經不是「找一個人來依靠」，因為她可以依靠自己，她們擇偶只是因為想找一個能補自己短板的。你看李子柒，年收入破億，渾身才藝，能製家具能種地，做飯好吃還會織毛衣，試問這樣一個女人，她缺什麼呢？她也許就只缺點挖地的力氣了。

這就叫「查缺補漏型擇偶」——如果你正好能補上，加一分。這預示了未來可能會出現的擇偶薛丁格，你永遠無法預知自己少了哪樣條件。

但大家也大可不必過於焦慮，因為關於「擇偶標準」這件事，它是會變的。比如

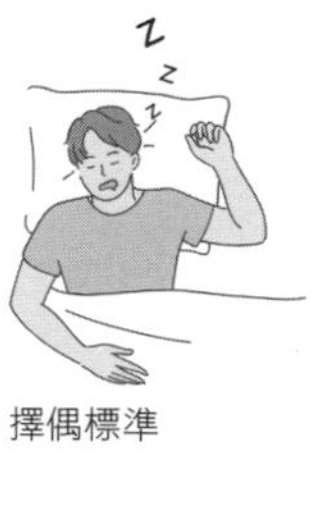

擇偶標準

我吧，我當年單身時，擇偶標準是「適齡，男」。

你看，多麼簡單，多麼純潔、無雜念。但結婚後，經過了生活的洗禮，我成長了。我的擇偶標準變成了「浪漫，有情趣，帥，體貼，會做家務」……但為時已晚。

有小孩後，經過了生活的再次洗禮，我又成長了，擇偶標準變成了「能帶孩子，教孩子功課，語數外理化生音體美都能搞定，最好還擅長手工和ＰＰＴ，並且是個文宣小能手，還會社交，能和老師打成一片」……但同樣，為時已晚。再過十年二十年，經過生活的更多洗禮，我會不會又成長，擇偶標準會不會變得更複雜，或許更簡單，簡單到「話少，身體好，自己能洗澡」就返璞歸真了。

所以，女孩子們，我想對各位說：關於擇偶標準，別總是那麼自信和逞能，你們應該聽媽媽的話。畢竟，媽媽們吃過愛情的苦，嘗遍婚姻的澀，什麼玩意兒沒經歷過。演員宋丹丹老師有個小品叫《懶漢相親》，裡面那段「俺娘說了」堪稱經典，我現在才明白那位娘真的有智慧，說的全是生活良藥、人間指南。

但結婚就和裝修一樣，結局和理想永遠差最後一千公尺，怎麼把最後這一千公尺走好，是智慧。我在作家馬家輝老師的小說《鴛鴦六七四》裡看到講「如何把一手爛牌打好」。其中有一段是這麼說的：**「也許世上男女都是在尋尋覓覓的鴛鴦，不**

管是否相配相稱，不理配稱多長多久，總要找到了才甘心，不然如何消耗悠悠歲月，寂寞是最不堪的痛楚。」

這就是為什麼很多人明知道婚姻讓人失望，還是奮不顧身，只不過，在擇偶時說清楚自己要什麼，總會好一點。現在好多成熟女性或成功女性的擇偶標準，一般人很難用肉眼去識別，但我真見過不少有主見的女孩子，擇偶標準基本上如下：整體上就是別礙事就行，但細節上要有畫龍點睛之筆。

其實李子柒的擇偶標準，恰恰印證了這一點，畫龍點睛：挖地。未來本就會有三千多萬剩男，再加上以後女性都是越來越獨立能幹，擇偶標準肯定會越來越讓男人捏把冷汗。今天李子柒對挖地提出了需求，很難保證明天某個優秀女生又有什麼別出心裁的新訴求。在這樣嚴峻的形勢下，男性可能需要逐漸擁有一些特殊技能，才能配得上優秀女孩的標準，於是男性也會越來越全能，這真是最潛移默化的素質教育啊。

我覺得未來面對選擇和被選時，無論男女都要端正態度，如果覺得自己有學歷有房子有點顏值就想挑挑揀揀，那你錯了。假如將來有個非常優秀的男生，擇偶標準裡加一句「會用電烙鐵更好」，別管他是因為什麼情結或是童年受過什麼刺激，那麼試問各位姊妹，你們是不是後悔自己從小沒學會玩轉電烙鐵？是不是也想報個班

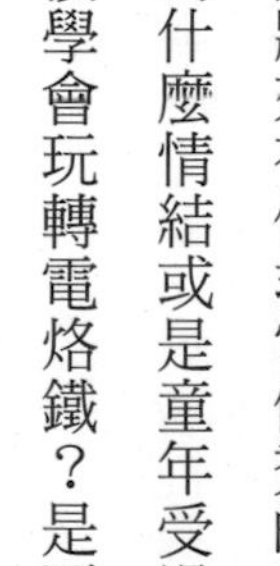

擇偶標準

趕緊補補課？

在未來，也許標準答案真的變了。什麼是合適的配偶，得看提條件的人需要什麼樣的工種。即使有了對象也要隨機應變，才能穩中求勝，脫穎而出。今天喜歡挖地的，明天也許偏愛挖礦的，還能舉一反三，常變常新——親愛的，你今天想要什麼礦，我馬上給你挖。

這感覺有點悶，就像刷了那麼久的題，突然發現正確答案變了。更悶的是，當一個男人參照《當代擇偶標準一百條》好不容易學會挖地、繡花、做飯、帶孩子、輔導作業等等一系列技能之後，女人都不想結婚了……

這是一個從點菜變成自助餐的過程，你不挨個吃遍，根本沒法去猜對方最喜歡哪道菜。

但誰也不能放棄自我拓展，否則沒資格成為出題人。不管男人女人，誰出題，誰強。

我已在後院動土，決定帶領兒子一起學種馬鈴薯，多會一個工種，多存一份保障，我們種的不是馬鈴薯，是希望。

我可真不錯

配偶，
就是從沒有讓人絕對滿意的。

結婚是為了有個伴——這是婚姻最初的願景。結婚也是為了繁衍後代——這是婚姻最水到渠成的任務。

但婚姻意味著你從此進入了另一種軌道，跨入了另一個領域，嘗試另一種活著的姿態，這，並不是每個人都能本能地意識到的事。

女孩子都是害怕寂寞的，男人也是。成年後我們突然面臨需要一個人面對世界、和父母之間依賴關係的脫離的現實，我們渴望親密關係，愛情便是拯救寂寞最好的解藥

我可真不錯

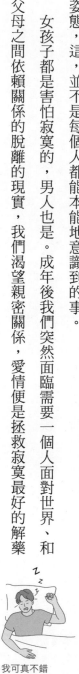

之一。相愛時你儂我儂，覺得此生不可與君絕，可我們不願意去揣測愛情的韌性。

當選擇攜手邁入婚姻後，愛情的比重也許就會逐漸減少，被親情與習慣取代，而與之同步的，便是寂寞、無奈、隱忍、煩惱等等一切不美好的情緒的回歸。這是一個無法料想的新的星球。

配偶，就是從沒有讓人絕對滿意的。

當有一天早上，你一睜開眼，在你身邊那個男人張嘴說的不是早安，也不問你早餐吃什麼，而是問「你覺得地緣政治風險與全球金融動盪對我們家會造成什麼具體影響」時，你一定覺得，這個人是世上最熟悉的陌生人。

大多數十年以上的毫無掩飾的夫妻之間，總有些許這樣的剎那，彼此懷疑，也懷疑自己。從沒有任何人對自己的配偶表示過完全滿意，相反，表示完全不滿意的倒是挺多的。

他們可能心繫宇宙蒼穹，言行舉止裡透露著憂國憂民的情懷，關心政治經濟大國動向和民生社稷，他們迫切地想要透露自己宏偉的世界觀和判斷力，希望自己熱情旺盛的實力在這個家裡得到充分的發揮與認可。

除了孩子的考試是幾號、家裡的感冒藥放哪兒了、結婚紀念日是哪一天之類的事，他們對別的事都能放在心上。

男人們通常是感受不到女性語言或肢體表達中那些細膩又微妙的東西的，但他們卻可以感受到別國領導人望向提問的記者時，那尷尬的表情裡透露出的一百多種內心掙扎。

你說男人不細膩？男人不會察言觀色？男人不懂分析心理活動？他們只是不願意為你細膩、為你察言觀色、為你分析心理活動而已。

其實這年頭，女人對男人也差不多，也並不一定會把最美好的一面留給老公。女人在老公面前可能是超人、蜘蛛人、金剛鑽，但女人在女性朋友面前卻可以變回女人、蜘蛛精、四克拉藍鑽。你要是想得到關心，勸你還是去找你的姊妹。

女人之間關心對方最近的情緒變化、心理波動、情感挫敗，還能幫助對方產生新的想法和發展計劃，以及總能從對方那兒學到點什麼……我們除了股票和匯率，對別的也可以同時很在乎。

我早就說過：和女人聊天讓你整個靈魂充滿生氣，和男人聊天只能讓你整個靈魂生氣。

擁有自己的小孩，是人生最大的考場。

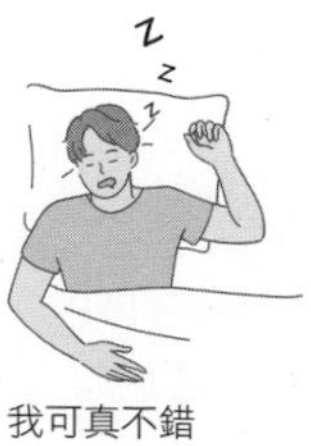

我可真不錯

你會發現完全超出意料的生活瑣碎正在朝你襲來。

無論在哪裡，你不再是一個人，你永遠需要帶著一個小人，不是拎在手上就是掛在腦子裡，不管做什麼都要多考慮一步。

這是一個全新的世界，你會發現自己變強了，也變弱了。

我們還要選擇婚姻嗎？

結婚和單身是兩種生活姿態，沒有好壞對錯，也不分高級低級。

但毋庸置疑的是，當我們選擇了組建家庭、擁有小孩，我們便一定是綁定了更多的責任，與此同時失去了一些自由和瀟脫，也沒有了一個人時得過且過的勇氣，我們將會變得積極、認真，不知不覺也許活成了更完整的自己。

而在婚姻和育兒的嘈雜瑣碎裡，獲得的一些無法言表的情感支持，更是沒經歷過婚姻的人無法體會到的生活小喜悅。

有人說婚後要綁定另一個人一同經歷柴米油鹽，還要帶領小拖油瓶辛苦奔走，是很辛苦和心累的一件事，一點也沒錯，那麼我想知道人這一生究竟是為了什麼而活？我們可能會經歷種種磨難，會無法花超過百分之五十的時間去享受人生，反倒是需要用超過百分之九十的時間去克服困境、戰勝挑戰、提升自己，然後用百分之十的時間來享受透過那些不怎麼令人舒服的努力換來的成果。

婚姻亦如是。

把它想成是同步運行的另一個人生，是你高中的某場考試，是你大學畢業的某個面試，是你參加登山比賽的一段陡坡。人生哪有什麼舒舒服服、自然而然的快樂啊，大部分還不都是靠你用盡全力為自己掙回片刻歡愉，才能自信地去沉浸於這得來不易的快活之中嗎？

我們要忍受夫妻間的雞零狗碎的爭吵、三觀不合的怒氣、遇事有分歧的糾結、似乎沒有了愛的形同虛設的家庭，還要忍受和孩子之間微妙變化著的關係，孩子讓你難堪和不滿的惱怒，未能如你所願得到回報的委屈……所有這些，就是人生，就是生活。

你為的是撇不下當初立下過的某句誓言，為的是放不下對子女的責任和包容，為的是對得起自己在每個角色上都無愧於心，只有這樣你才能活得踏實、坦然、暢快，每每回顧過往時總是對自己淡淡一笑，說「我可真不錯」。

我可真不錯

三、靈肉昇華的婚姻，無欲無求

帶夫修行

凡是能秀恩愛的事，
都沒老夫老妻的事。

難以置信，每年「七夕」這類節日臨近時總會有人問我：「怎麼過？」更難以置信的是，有一次問我這個問題的人是二寶媽媽。大寶都上初中了，老二都會寫程式了，還問我七夕怎麼過。

但我瞬間又陷入了反思：怎麼，有兩個小孩就不能過七夕了？那一刻我已經開始給自己默默地灌雞湯了：是啊！已婚有小孩的女人，難道就不能追求浪漫了嗎？中年老母就不能擁有儀式感了嗎？

不！每個女人都要做精緻小姊姊，每一天都要活得有感，每個節日都要認真對待！這叫愛自己！我把能想到的網上那些女性雞湯都盤過一遍……再看看人家，都兩個孩子的媽了還記得要過七夕！這認真生活的樣子多好，我也要向她學習！對！我今天回去就開始籌備七夕！我去買點蠟燭，來個香薰，弄點紅酒，放首爵士樂……對，就這麼辦！

我感覺自己正能量快要爆棚了，預想得也差不多了，然後我問她：「那你七夕怎麼過？」

她說：「我先送兒子去參加雛鷹小隊暑期活動，再帶女兒上寫生課，上完寫生上芭蕾舞課，然後我得兜一圈超市買點東西，然後接兒子去我媽家，再去接女兒，把她也送到我媽家……」

我心想：好傢伙，她鋪墊了這麼多，莫不是想說把兩個孩子都送走，好和老公來一頓兩人世界燭光晚餐？

接著她說：「然後我就自由啦！我終於可以去見約了三週還沒約上的理療師，好好來一頓頸椎按摩！啊哈哈哈哈！」

當時我有一種失戀的感覺是怎麼回事。但我還沒死心，就像個沒有等到奇蹟的公主，瞪著一雙無辜又充滿期待的眼睛問她：「那你老公呢？」

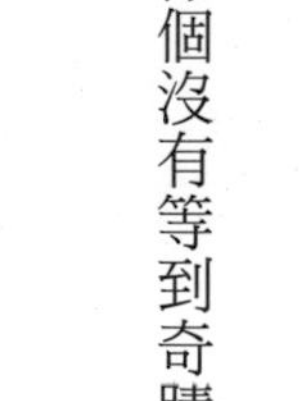

她猛地收起了燦爛的笑容，面無表情地說：「他？好像開一天會吧，誰知道，別煩我就行！」

我猜到了開頭，卻猜不到這結局。剛在心裡喝完了一大碗雞湯，發誓要做個好好過節、有儀式感的中年婦女，這才不到一分鐘，怎麼又回去了？

中年人果然做什麼都快，連誓言都來也匆匆去也匆匆。

這感覺就像眼看一對情侶快要親上了，突然間又散了，莫名有種失落。

也不知道這種期待著別的中年夫妻秀恩愛的奇怪感覺到底是怎麼回事，也許就像一直瘦不下來的人看到比自己更胖的人減肥成功一樣吧，這是一種「榜樣的力量」。

可現在，榜樣瞬間瓦解，本想向她學習，沒想到她比我更頹廢。七夕一天可以約好多人，能約雛鷹小隊，能約寫生老師，能約按摩師，就是沒約自己的老公。

果然還是不能對中年婦女抱有幻想，我們慶祝節日的方式終於從「紅酒音樂玫瑰花」變成了「送走孩子去推拿」……

回想起若干年前，我也曾是一個盤算每個節日怎麼過的小女生，從什麼時候開始我們不過節了？

從對直男「懶得教育」開始，從「放過自己」開始，從「別浪費錢」開始，從「還有更多重要的事要記」開始。

大多數中年夫妻都懶得過節，每逢佳節頂多會與社會各界愛心人士共度。我們分別從同學同事群組、親友鄰居群組、養狗養貓群組、育兒升學群組、閒聊八卦群組、吵架思辨群組以及吐槽抱抱群組裡，搶到很多紅包，收穫頗豐，總金額甚至可能超過了二十塊錢。

但你要讓我們期盼從配偶那兒得到什麼節日的驚喜？不存在的。

如果說現在我和孩子他爹還有什麼共同的期待，那就是期待孩子早點做完暑假作業。

如果說我們各自對彼此還有什麼期待，那就是期待對方負責管好孩子早點完成暑假作業。

婚姻如同一場修行，修煉得好，受益的是自己，夫妻倆的關係也在修煉中不斷得到昇華——

新婚那年：宜言飲酒，與子偕老，琴瑟在御，莫不靜好；

三年之後：鍋碗瓢盆，雞飛狗跳，奶粉尿布，沒法睡覺；

七年一到：看到就煩，一說就吵，只求清靜，不求相好；

七年以後，都是好兄弟，盡在不言中。

其程度也是隨著有孩子的速度、頻率、個數而遞增的。

有一個小孩時，還能 cosplay（扮演）其樂融融的三口之家；
有兩個小孩時，幾乎多數時候在手忙腳亂中臨陣磨槍；
三個小孩的，基本上一家五口一湊齊，再添兩個老人，就能召喚漫威電影的大反派薩諾斯了。

這日子，沒空你儂我儂，什麼情人節啊、「五二〇」啊、七夕啊、結婚紀念日啊，凡是能秀恩愛的事，都沒老夫老妻什麼事。

但也並非每個人都能順利修煉到這一層。

我認識一對夫妻，以前經常吵架的原因就是女的抱怨男的「不用心」，比如家裡的狗食沒了，男的忘了提前備貨，女的就會哭哭啼啼——你為什麼不提前買——你不關心家裡的一切——你覺得這些都應該我來做——你把我當保母了嗎——結婚前你說家務都你做——這個家和我對你都不重要——不愛了……

但這女的「進化」不好，孩子上三年級了還因為這種事要鬧離婚。後來逐漸不鬧了，我以為時候到了（七年已過），結果後來一問才知道，是那男的軟磨硬泡讓老婆開了個十字繡工坊。她老婆天天帶著一群人在那兒研究繡花，甚至忙到了需要早出晚歸的地步，從那以後，再也沒空跟老公吵架了。

這件事很有代表性，它說明一些人在一段關係中總覺得自己處於弱勢，其實只是因為太閒了，想太多了。只要她們忙起來，沒空去琢磨自己在這段關係裡的所謂「委屈」，她們也就根本沒什麼委屈了。

自己不在乎的事，也就不會從中感受到委屈。自己無暇顧及的事，也就不會因為別人也不顧及而感到委屈。

這就叫「打鐵還需自身硬」。

一起生活多年的兄弟，滿屋子和小孩「狙擊戰」，誓死共存亡，共同應對一會兒一變的教育路線，共同勇鬥每月各類清單帳單，互相吐槽後方指揮官（爹媽），乘風破浪，披荊斬棘……其實兩個人每天能保持不起爭執就已經很好，因為吵架給人的感受真的太煩了，一生很短，不要太多驚喜，盡量減少驚嚇才是王道。

於是，曾經幻想著可能出現的童話故事，也不能摧毀塑料夫妻情，時間一長，塑料都成了化石，摻雜一點鋼鐵意志在裡面，最後變成了堅不可摧的堡壘。每一個女

人都是通情達理的小天使，有時候你覺得她任性，那只是因為時辰未到，還欠火候。再多吵幾年試試，會有彩蛋。現在的我，每次看老公不順眼的時候，我就默念安徒生童話《老頭子做事總不會錯》。

把生活過得戲劇化，是中年人解救婚姻的最好方法。提升自己的意志和不屑一顧的生活觀，就是個幸福的狠人。

有一次社區管委會的大媽來我家，要我們填個表，結婚日期一欄，我老公硬是空著。管委會大媽也不識相，還特地提醒了一句：「年輕人，這個結婚日期填一下。」我老公緊張而羞怯地瞄了我一眼。當時我腦海中一萬匹羊駝奔馳而過，心中還發出了羊駝空靈的嚎叫。然而，作為一個自身修煉過硬的女人，我機智地說：「哈哈哈哈，我也不記得了哈哈哈哈，要不就隨便蒙一個吧哈哈哈，你就填九月九號吧！」他感覺如獲新生，還樂呵地唱上了：「又是九月九……愁更愁情更憂……回家的打算……始終在心頭……哈哈哈哈……」

管委會大媽熱情地誇我們：「你們倆真逗，結婚日期都不記得，還這麼開心啊。」

我只能對她說：「愛笑的人，運氣不會太差。」

聰明的女人慢慢學會避開雷點，我們有很多朋友，有美食，有自娛自樂的方式，別盯著那個不解風情的男人，轉過身，世界精彩得多。現在對我來說，一束鮮花，不如一頓小龍蝦。但要了小龍蝦，就不能因為沒有鮮花而苦惱。怪誰呢？要裝聖母，就不能還留著凡人的念想呀。

如今大家兄弟一場，知根知底，不求徒有其表的虛榮，只求實打實地好好過日子。所謂夫妻變親情，就是一場又一場的更換。

用雞湯換掉鮮花，用洗潔精換掉巧克力，用不需言表的相濡以沫換掉掛在嘴上的海枯石爛。嘴上說著最微小的柴米油鹽，心裡掂量著最重要的相愛相殺，那份不再鮮亮卻越來越厚重的情感，永遠年輕，永遠熱淚盈眶。

這份難能可貴的兄弟情，沒幾百個回合的戰鬥根本打不下基礎。

行色秋將晚，交情老更親。

雲恩愛

「沒有手機」
是夫妻倆溝通的最大障礙。

近幾年已婚人士都變聰明了，以前只有中年人才拒絕一切節日，現在連年輕夫妻都已經懂得了「不讓中間商賺差價」的婚姻是何等難得，不管是逢年過節還是平常日子，所有用於「秀恩愛」的時段，都只有小年輕們才會狂歡。

但有人又說了：生活不能少了儀式感。於是，在「儀式感」和「不秀恩愛」之間，有了一種新的生存之道，比如「雲恩愛」。

我的一個姊妹在朋友圈發了張自拍，她老公在評論區裡發了三枝玫瑰花。大家說：

「你老公秀恩愛秀到朋友圈來了。」姊妹說：「看我老公多實惠，送花都在朋友圈裡送，絕不會去外面買一枝玫瑰，怎麼能讓中間商賺差價呢?!」

沒錯，就像大多中年夫妻一樣，我們在家如鋼鐵兄弟，出門像取經師徒，在網上則必須保留一絲性別元素，來一點傳統意義上的恩愛，這就叫「雲恩愛」。這是當下廣大中年夫妻慣用的、最環保的、最節約的、最利民的恩愛方式，尤其適合「五二〇」這種不疼不癢的節日。

「雲恩愛」不是什麼尖端技術，結婚久了的夫妻，都能自成一派，**逢年過節「雲恩愛」，平時「雲溝通」**，總之就是更純潔無私，更公開透明。比如我們平時就已經搭建好了各種「雲恩愛」區塊鏈，「雲溝通」可以隨時發生在某個聊天群組裡——他說別忘了給貓換貓砂，我說「你去」，他說「我忙著呢」……

如果沒有手機，世界將會怎樣？別的不敢說，夫妻倆大半夜在家裡可能互相找不到對方。如今，對好多已經沒什麼纏綿剛需的夫妻來說，只有手機和網路才是生存的階梯、溝通的橋梁，就像「只有朋友圈才是恩愛的秀場」一個道理。這種「雲式生活」，讓大家變得和諧了（因為打字吵架太耗電）。

其實從有了小孩開始，很多時候我們就得身不由己地拿出手機，閉上嘴，把關係

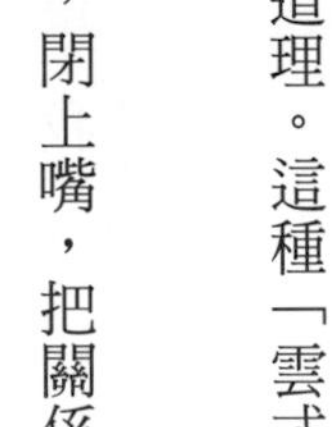

架到了雲端。就像我的一位男性朋友的描述——「晚上我在書房看書，我老婆給我打電話，叫我去給孩子沖奶，她在臥室等著。」

慢慢地，沒有手機就是夫妻倆溝通的最大障礙。

前陣子兒子有一個做小實驗的任務，我匆忙地先幫兒子準備好材料，就去寫文章了。過了很久，隊友從兒子的房間給我發來訊息：「**你這些材料不對，得重新準備。**」我回他：「**你怎麼不早點告訴我？**」他回我：「**我剛才在廁所，沒帶手機，怎麼告訴你？**」……是啊，沒有手機就是不行，畢竟只有在微信上說話的時候，我才能語氣平和順暢，也不方便立馬動手。微信這個東西還真是解救了中年危機啊！而且，有很多話還真不方便當面講。

在雲端，我們倆相敬如賓，大氣謙和，包容有風度；在線下，我們像刺蝟炸毛，什麼恩愛，不存在的。

「雲恩愛」是當代夫妻共同抵抗生活碾壓時最後的倔強，這種恩愛就是：**眼不見才恩愛，見著了各種看不順眼。**正應了那句話：「距離產生美。」雲配偶加了三天班，我在家帶孩子歲月靜好，給他發訊息都是噓寒問暖，冷不冷餓不餓幾點回來；他一正常下班，在家就雞飛狗跳，我倆要麼不說話，要麼就吵架。

見不到的時候，在線上的時候，相隔數里的時候，雲山霧罩的可恩愛呢，一旦兩兩相對，大眼瞪小眼的時候，就恩愛不起來，各自坐一邊，一起攤平在沙發裡，一人捧一支手機，必要時還能發訊息對話：**「明天早上吃啥？」「聽你的！」**不知道的還以為這是情話綿綿，殊不知兩人就像地鐵上挨著坐的陌生大哥，互不干擾，假裝不認識……

一個優秀的雲伴侶，不僅要做到物質形態上忽隱忽現、飄忽不定，也要做到意識形態上攜手同行、同仇敵愾，這才叫優秀的人生合夥人。網路是中年夫妻精神上的美顏相機，我們倆只要一上線，我就容易產生一種錯覺：「這是別人家的老公」，於是態度馬上好多了，臉色也柔和了起來……回到家對著彼此的老臉，卻沒辦法欺騙自己，於是形勢大不相同……只有在雲端交流才彷彿是一個正常人。畢竟一進家門，看到對方，就像對著一面照妖鏡，裡面都是家族屎屎尿屁、數不清的雞毛、做不完的家務和處理不完的帳單……

真不曉得是肉體拖累了精神，還是精神昇華了肉體。

世上最安全的夫妻關係，就是雲上的日子。面對面，很容易出現無法預估的障礙，逼不得已的時候還得尬聊——

「大哥，你這襯衫又緊了啊！」「彼此彼此，你的腦門兒也越來越錚亮了嘛。」

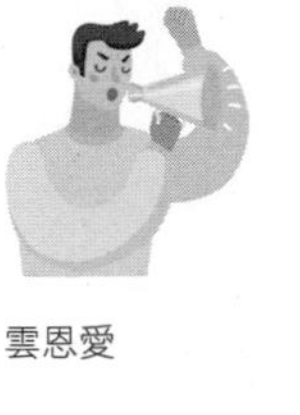

剛結婚的時候，我老問隊友：「你什麼時候退休啊？」希望他能多點時間陪陪我。現在我常問隊友：「你什麼時候出門啊？」「你什麼時候出差啊？」「你想不想嘗試一下離家出走呀？」不在雲端的時候，真的是此時無聲勝有聲。一切盡在不言中，多說一句都是空。現在連吵架都是傳訊息，回頭還能檢查一遍，查找哪些地方發揮得不好，便於下次提升。

而這種無聲勝有聲，又帶來了**中年夫妻的另一種恩愛方式，叫「懂事恩愛」**。懂事恩愛——我在各種煩的時候，你要懂事，不許來煩我，不要讓我看到你的人，聽到你的聲音……**安靜，就是一種懂事。**

有些隊友就比較不懂事，和老婆沒話說本來挺好的，卻偏偏不停製造噪聲。我一個朋友說她老公在房裡追劇，竟笑出聲來，看五百遍還能這樣子，真的是很擾民。最後她不得不傳訊提醒隊友小點聲。

在雲端，曖昧叢生、情感起伏跌宕的對話，意味著後面有什麼不可描述的雲雨嗎？然而實際上是「君在大床頭，我在大床尾，深夜話情緣，網路一線牽」，然後……然後就沒有然後了。

談何雲雨？中年人現在只有在雲端翻雲覆雨。也只有「雲恩愛」才能實現真正的生命大和諧啊！

靈魂十問

中年夫妻
才是婚姻的真相。

一個南京的朋友告訴我，她最近陪妹妹去登記結婚，長了很多見識，感覺現在結婚，學術氛圍可真是太濃厚了。登記處不但有「新婚學習區」，有資深老師進行一對一函授，還有一份神叨叨的，哦不，沉甸甸的「愛情問卷」，讓新人們頓時有了暴擊靈魂的儀式感……完全可以把這看作「婚前輔導班」。

「輔導班」問卷上列出的十道靈魂大拷問思考題，我那個已經結婚七年的朋友看了之後大呼「好傢伙」……瞬間感覺婚姻登記處這個原本平淡無奇的單位忽然披上

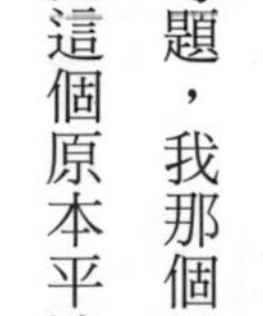

了哲學的霞光，顯得神聖起來。這「靈魂十問」是這樣的：

一、我可以很清楚地說出為什麼和現在的配偶結婚

二、知道配偶目前面臨的壓力

三、知道配偶生命中三次以上的重要時刻

四、覺得配偶很瞭解自己

五、配偶有很多令我欣賞的地方，三件以上

六、我喜歡和配偶共同討論問題

七、閒暇時光，我期待與配偶一同度過

八、如果配偶某一天過得很糟糕，會告訴我

九、我能傾聽配偶訴說，並盡力理解配偶的想法和抱怨

十、配偶經常在解決問題方面給我幫助

我看完之後的第一反應是：幸虧是結婚前做這張問卷。如果是結婚後，恐怕很多人看完第一題就想站起來把卷子吃了。

第一題「**我可以很清楚地說出為什麼和現在的配偶結婚**」太萌了，就好像問「你能清楚說出為什麼自己上了一所職業技術學校卻沒上清華北大嗎」。

不客氣地說，如果我在結婚前就擁有婚後十年的眼界、格局、智慧、閱歷、經驗，那麼恐怕我不會選擇這個配偶，而是會選擇「再看看」。如果沒什麼看頭，那我可能會和我的事業、我的財富、我的自由結婚吧。當然，對配偶來說，可能也同樣是這麼想的。

後面的大部分問題，性質都差不多。可能對新婚的年輕人來說，這些問題都充滿了情感色彩和唯心傾向，讓他們感覺到愛的厚重、責任的偉大、互相瞭解和包容的深邃，簡直太引人深思了！但我想，當他們結婚多年後回過頭來再看看，才能真正理解那些問題中潛藏著的深意。

比如第四題：「**覺得配偶很瞭解自己**」。有一次我看到一部網路影片，一個女生講述「遇到了 Mr. Right（對的人）」的喜悅，那個 Mr. Right 只認識她幾天就充分瞭解到她早上只喝紅茶配牛奶，吃火鍋無辣不歡，宵夜一定要有肉，冰淇淋愛吃抹茶味……她覺得「這麼努力瞭解我的男人，應該是命中註定的 Mr. Right 吧……」

女孩呀，你以為你這是餐廳老闆娘招聘廚子嗎？婚姻裡哪有什麼真正的 Mr. Right，多數只能有兩成，好一點的能達到五成，其餘的就只能靠我們自己往中

閒地帶靠攏，到頭來能讓你慶幸的可能不是他是你的 Mr. Right，而是「哇，太棒了，他還不算太差……」，並且會驚奇地發現「別人家的老公好像看起來更像是你的 Mr. Right……」。

等結婚三、五年，進入柴米油鹽瓶頸期，有了小孩來添亂之後，相信我，你說的最多的一句話可能就是「你根本不瞭解我想要的是什麼！」所以說啊，千萬別要求某個人全面瞭解你，因為人都是會變的，就像婚前小鳥依人的女生，婚後也有可能變得十分剽悍。你叫配偶理解你？算了吧，你也理解不了他的心理落差啊。

又比如第七題：「**閒暇時光，我期待與配偶一同度過**」。嘖嘖嘖，真是史上最大的廢話。這話問新婚燕爾的小夫妻，那不是白問嗎？他倆不就是因為想二十四小時膩在一起才結的婚嘛。這話應該問我們這樣的中年夫妻啊！記住，中年夫妻才是婚姻的真相。閒暇時光？期待與配偶一同度過？實在對不起，絕大多數的成熟、理性、平穩、真實的婚姻（比如我和十三姊夫這種婚姻）——配偶不在身邊的時候才是自己的閒暇時光。

這問卷，都不考慮人是一個不斷變化的物種，現在的回答和五年、七年、十年、二十年後的回答，可能會大相逕庭。無論怎樣的回答都不會阻礙人類邁入婚姻的步伐，當然，也不會阻止一些人走出婚姻的步伐。

比如「我可以很清楚地說出為什麼和現在的配偶結婚」：

婚前——因為他就是我要找的人。

婚後——因為當初瞎了眼。

比如「知道配偶目前面臨的壓力」：

婚前——沒有壓力。

婚後——我就是他的壓力，他就是我的壓力。

比如「覺得配偶很瞭解自己」：

婚前——他瞭解我勝過瞭解自己。

婚後——他連自己都不瞭解，更別說瞭解我了。

至於後面幾道「昇華」的題，例如第八、第九、第十題「如果配偶某一天過得很糟糕，會告訴我」、「我能傾聽配偶訴說，並盡力理解配偶的想法和抱怨」、「配偶經常在解決問題方面給我幫助」：

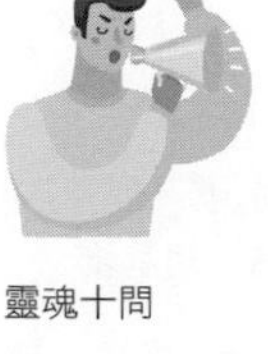

我給各位描繪一個包含了以上三個問題的實際應用場景吧。我跟配偶說：「我今天累得心慌頭疼焦慮煩躁。」他會說：「少看手機，缺乏運動。」

你看，我過得糟糕告訴他了吧？我傾訴自己的想法和抱怨了吧？我也在試圖從他那裡得到解決和幫助了吧？而配偶那永恆的單純與專一，停留在了「指導我多運動和遠離手機」。如果知道了這才是婚姻的終極答案，那個充滿儀式感的問卷還有多少存在的價值啊?!

可以這麼說，「婚前輔導班」只能給出一些形而上、華而不實的宏觀指導。而婚姻裡真正的難題，就算是開書考，你翻遍婚前輔導教科書，也找不到一個有用的標點符號。

「**知道配偶生命中三次以上的重要時刻**」，這個多少有點找碴吧，沒什麼特別重要的時刻的人，是不是還不配結婚呢？我知道那玩意還不如知道「我的到來是不是他生命中的重要時刻」。

「**我喜歡和配偶共同討論問題**」，這是自討苦吃吧，我有跟他討論問題然後生一肚子氣的工夫，不如我自己先把問題解決了，善待乳腺和腦細胞。

其實我們都明白，政府為了讓婚姻穩定，給大家打好預防針，真的操碎了心。這就有點像某種免責條款，又有點像某種終身保固——

結婚前我可是給你們上過「輔導班」的，你們對著這十條靈魂拷問，摸著自己的肚子想想清楚，以後萬一要離婚，再摸著自己的肚子回憶一下當初自己回答了「是」的問卷，你們還好意思離婚嗎……

紙上得來終覺淺，結一次婚才是真。

婚姻就像是一個不講武德的突擊考試大拼盤，會隨時隨地抽測，平時學習不認真、複習太敷衍的人，都過不了。

也許有人以為，上了「婚前輔導班」，就是贏在了起跑線上，能輕鬆應對婚姻裡的各種小考大考。對不起，「輔導班」的補習都在框框裡，可考試考的永遠是超出範圍。教的都不考，考的教不了。

沒用的一教就會，有用的一學就廢。學廢了你就不結婚了，結婚率就下降了，那可不行。

做這種問卷，還不如直接完善法律，然後在結婚前來一次法律教育就完事了。比如「喪偶式婚姻」、「詐屍式育兒」、「空降式指導」、「意念式恩愛」……全都得寫進婚姻法「違法行為」那一欄裡，處罰手段寫具體點。

當然，不只這些，促進婚姻和諧共生的細枝末節還有很多，全都寫進法條。「婚前輔導班」就負責召集大家一起大聲朗讀，然後背誦、考試，及格的就登記結婚，不及格的說明不配結婚，讓他們回去冷靜。冷靜期就設三個月，不能再短了。

這樣其實挺好的，結婚率可能降低了，但高品質婚姻的比例提升了。低品質婚姻少了，離婚率不也低了嗎？挺好的。

其實所有精神較為健康、內心較為強大的已婚女性，一直致力於描繪婚姻真實的面貌，從不避諱自黑、自嘲。但婚姻和家庭，除了一地雞毛，也總會有幸福感、安全感、依偎感。苦的拿出來吐槽，讓別人高興高興；甜的留著自己享受，一般不讓人知道。

真正的勇士是在看透生活的本質之後依然熱愛生活，各界不必對婚姻的本質遮遮掩掩，應該大大方方，要對大家充滿信任，誰還不是明知山有虎偏向虎山行的好漢？

低欲望保命

很多高級的婚姻到了一定境界，
都能找到其他方式來彌補性生活的缺乏。

「低欲望婚姻」造就了很多「佛系夫妻」，尤其讓很多女性的婚姻觀變得更灑脫了，其中有個小的分支——「無性婚姻」。

無性婚姻就和海鮮過敏一樣，都屬於可以大大方方探討的內容。

二〇二〇年春天有個名場面叫「吳彥祖 lack of use」，想必很多人記得。在剛慶祝完結婚十週年後，明星吳彥祖在 Instagram 裡說：「**結婚十年了，我的某器官可能是身上最乾淨的部分……**」

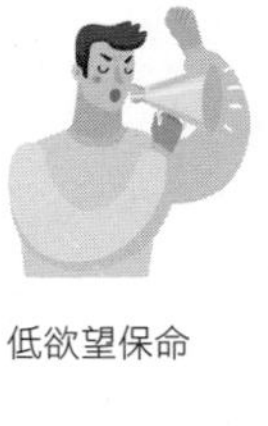

這條帶顏色的動態莫名引發了很多已婚女性的「極度舒適」。為什麼呢？她們說：「終於發現了吳彥祖和我老公的相同之處！」而未婚少女們多數則是一陣唏噓：「婚姻果然是愛情的墳墓啊！」

說真的，有時候婚姻不一定會因美滿而讓旁人嫉妒，卻容易因冷卻的激情而令旁人沮喪。弄得少女們「彷彿看到了自己悲涼的未來」……但少女們不知道的是，有時候無性不是一種蕭條，反而可能是一種蓬勃。沒個十年婚史怕是悟不透這一點。

很多高級的婚姻到了一定境界，都能找到其他方式來彌補性生活的缺乏，比如第一次一起揍小孩，第一次一起做手工作業，第一次一起研究升中學戰略……這些第一次都能比老夫老妻牽個手、擁個抱更容易催生多巴胺和腦內啡。只要這些不缺乏，你就會相信對方還是可以有用的……不需要儀式，也不用前戲，隨時隨地只需一場溫柔的打掃廚房，或一段體貼的教功課，或一次帥氣的提前還貸，都將能引發對方的顱內高潮。

結婚前，大家說「沒有愛的性是耍流氓」。結婚後，我們才發現「沒有性的愛也是耍流氓」。有了小孩後，很多人終於明白婚姻的形態原來可以如此多元，兄弟情、戰友情、親情、人道主義、助人為樂、抱團取暖，都有，但就是愛不明顯了，性也不明顯了。甚至連性別也不明顯了。女人活成了大哥的大哥，你好意思對好兄弟動手嗎？可婚姻依然還是一場婚姻，以它隱蔽的不能被外人所知的姿態堅持著。

很多中年夫妻的婚姻狀況是：無愛，無性，有孩子。

但他們真的覺得自己很悲哀、很痛苦嗎？

這裡有一個關於「贈送禮品」的小故事。那是一個溫暖的初春，我收到一個品牌商贈送的福袋。裡面有一本書，十三姊夫高興地說「太好了，我喜歡」；裡面還有吃的，十三姊夫高興地說「太好了，我喜歡」；裡面還有一個杯子，十三姊夫高興地說「太好了，我喜歡」；最後抖出來一盒「岡本」，十三姊夫高興地說「這誰啊，怎麼送這種沒用的東西」……

於是我拿到群組裡去送人（其實是順便想民調一下中年夫妻到底對這種橡膠製品是否有需求）。那盒珍貴的橡膠製品容量為五個，保存期限從二〇一八年到二〇二三年，大家說：「五年？不行啊，用不完，都浪費了。」

中年人的喜悅在於收到枸杞、人參、降脂食物、減肥護肝和生髮產品、免費試聽課和大考祕笈……至於橡膠製品？除非是加厚家用勞動手套……有的年輕人很不解：這到底是為什麼？是什麼磨滅了愛情的溫度？是什麼澆滅了婚姻的激情？

我想說，年輕人，你別這麼激動啊，不用靠性生活維繫卻依然還能好好地把婚姻

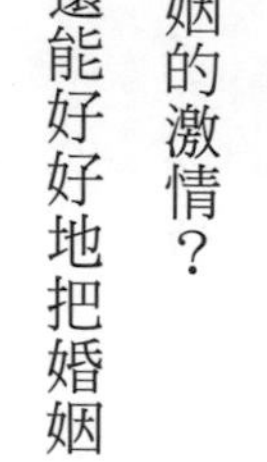

進行下去，這不才是偉大的真情？你品，你細品。婚姻的起步再轟轟烈烈，中間也會經歷磕磕絆絆，最後總要歸於平平淡淡。對於中年人來說，進入了一個放下執念不斷向命運妥協的境界，而「性生活」基本上就是最沒骨氣的一個，通常最先向生活投降。**如果性生活和 WiFi 只能二選一，大家基本上選後者，否則沒法查看家長群組通知啊！**

曾經看到過網路上有一部短片——「突然全裸出現在正在玩遊戲的男朋友跟前看看他是什麼反應」，我想，年輕人的娛樂活動終究是太不深沉了，結婚十年後你再試試？全裸著站到正在玩電烙鐵的老公面前，他也許會拍案而起：「神經病啊，你別凍感冒了傳染給兒子！」

哦，那時你會懷疑自己失去了魅力嗎？並不會，因為中年人根本不會給自己機會做這種傻事，有空脫衣服還不如多投身到學習之中，畢竟作業才是中年夫妻婚姻的紐帶。務虛的年輕人才追求「活兒好」，務實的中年人只想要「活好」。

無性婚姻已經與時俱進了，不再像過去的人理解中的「感情破裂」。就像如今的**中年夫妻最好希望「對方別來煩我」，這是感情破裂嗎？這說明感情穩定，大家已經找到了讓自己更愉悅的穩定方式了。**

當代婚姻差不多就是這樣，那麼多繁瑣又令人心煩的事情在眼前，越來越多人沒空去思考「性」的存在感。有人就要問了：無性婚姻會導致出軌率提高吧？不排除這種情況，但出軌者並不一定是因為婚內無性，而是因為他就是要出軌，別管婚姻的情況到底如何。

離婚也不一定是「無性」導致，大多數人離婚還是因為性格和精神層面不能融合。另外我也發現大家都在爭搶這種「冠名」，一說「八十後」夫妻無性，「七十後」的朋友就不高興了，覺得自己被忽視了，連「九十後」都跳起來了：瞧不起誰呢，誰還不是結了個佛系婚啊！

這年頭，好多人結婚就跟出家差不多。這就是一場修行，而且不沾葷腥。本來是外面的不沾，現在連家裡也不沾了。純煉佛性，多年後會發現自己肉欲少了，妄念沒了，平淡是真了，活得就像唐僧和女兒國國王那樣守身如玉，相敬如賓，共磋佛法，全力栽培孩子，這是至高境界的 love & peace（愛與和平）。

所以啊，都別給自己那麼多責任和壓力，沒有人能做到過了很多年依然彷若初見般地心潮澎湃，毫無心理障礙。所謂「經營婚姻」如果只能從「性」上去經營，那才是最危險的。

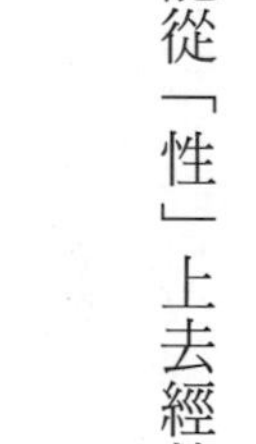

在低欲望婚姻裡，成長步調一致，有雙方都認可的付出平衡感，才是維繫婚姻黏性的方式。而「性」這件事無論從形態上還是從功能上都變了，它也許可以錦上添花，但肯定不能雪中送炭。

當然，結婚久了，低欲望的範疇會越來越大。哪怕一次普普通通的逛街消費，也能看出婚姻是如何改造了我們的。

有一次為了買個耳機，我帶老公去了趟高檔的商場「國金」（上海國際金融中心）。買完耳機趕緊走啊，不可能的，我又開始研究哪款電腦更輕薄。

你們真的不能理解一個已經有兩臺電腦的女人，就像衣櫥裡永遠少一件衣服一樣，上次想要一臺小巧輕薄的，是為了能正好塞進她那幾百塊錢的新帆布包裡；這次想要臺更小巧輕薄的，可能是覺得缺一臺電腦來匹配她那烏干達密林野生樹莓色號指甲油吧。

結婚前，女人的欲望毫無掩飾的必要，是能為了一碟鎮江香醋多買三斤大閘蟹的，不瞞你說，我家當年養貓的理由是我看上了一個漂亮的貓項圈。有時我懷疑我生孩子的理由是因為十幾年前在復興公園門口看到別人家的嬰兒車挺好看的，而我嫁給我老公可能只是因為在家具店裡看中了一張雙人床……

往事太美，不敢回憶。每次進入這種奢靡的場所，看到大家的消費欲望被點燃，我就開始不自覺地憐惜自己。我可能暫時不會買什麼，但我會在心裡埋下一顆種子，等它生根發芽再出手，直接買棵參天大樹回來……

所以我懼怕出門，只要待在家別出門，欲望的溝壑頂多一杯奶茶就能填平。

商場中庭塞滿了各種穿得很土的大哥大姊，突然有幾個穿著帶有巨大LOGO（標誌）的花枝招展的資深大媽，環佩搖曳款款而來，一時間眼前桃紅柳綠炫彩奪目，強大的氣場讓整個樓層的時尚氣息都黯然失色。

大媽們信步來到旁邊的服務臺，優雅地詢問附近哪裡有地鐵站，我正在納悶這樣高規格的出行格調與樸實無華的公共交通如何完美結合的時候，大媽們搶先注釋了此行的目的——原來她們是想去地鐵站拍攝城市風情組照。

要成為追逐時間的嬌子，就必須拍一套換一個地方，揮一揮紗巾，不招惹一絲塵埃。

大媽們顏者為師的感染力和身體力行的行動力，讓吾等不修邊幅素面朝天的普通中年人心中五味雜陳，自愧弗如。銀髮如霜的老年人尚且如此奮發有為地展現生活態度，我們這些正值當打之年的中流砥柱，豈能暮氣沉沉地提前放棄抵抗，任由生活品質滑向平淡的深淵？

我內心已經波濤洶湧了，低頭看了看一身全棉的自己。左眼裡流露出「你看看人家老年人比我還嬌媚」的哀怨，右眼中閃爍出「今天我必須改頭換面重新做人」的志向。別的不敢說，但此刻身處「國金」腹地，隨便找家店，支付成功，五分鐘後就能贏過這些大媽。

「我已經一年沒有買衣服了！哼！」我倔強的表情不含雜質，一定是徹底忘了自己去年買的衣服還一次都沒穿過。

我準備用一次報復性的高消費來填補剛被刺激過的欲望溝壑。這種難得冒頭的消費衝動，就像體檢前的臨時養生，不敢說立刻就讓生活產生天翻地覆的改變，但至少能給心靈帶來足夠的慰藉，足矣！

既然時光不復回，散盡浮財恣歡愉。

有了行動的方向，有了造作的條件，有了飽滿的情緒，此番天時地利人和，為了這個詐屍般的衝動，就算花再多的錢，今天也必須把這個事情辦了。

我們一行雄赳赳氣昂昂地起身衝向了最貴的那層樓。頓時就傻眼了——幾乎所有的店門口都在排長隊。怎麼，這是打折嗎？不，這裡從來不打折。

這是人性的扭曲還是道德的淪喪我不清楚，但我的老寒腿可經不起這樣的「體罰」，算了，還是上樓吧。中年人脆弱的情緒可沒有滋生這些富貴病的土壤。

來到樓上，確實地廣人稀門庭清爽，我們優雅地踱著步，自信滿滿地穿梭在精緻的物欲世界裡。這時新的問題又出現了，當我把價格瞄上一眼之後，就默默地在心裡算計著，省下大致同樣量級的鈔票，也許換來的就是整個寒假的彎道超車！

中年人摳門的特性在此時悄無聲息地重新占領了理智的高地。

最後我們難得默契一回，心有靈犀地停駐在GODIVA（一個巧克力品牌店）門前，我知道今天既然總要有一筆消費，那這一定是最好的解決方案——一人一個最貴的冰淇淋，圓滿地完成了此次奢侈消費之旅。

中年人的欲望就是在這樣一次次的理性回歸過程中，慢慢地落腳到最簡單的層面——吃點好的。嘿嘿，我們的絕活是適可而止啊。

我們放縱不了情緒，我們只能放縱胃口，我們留不住秀髮，我們只能留住脂肪。用奧斯卡·王爾德·富貴·十三姊夫的話說，吃與生活的一切都相關，除了吃本身。中年夫妻沒什麼欲望，就算有，吃是最好的解決方案。我們經常被生活按在地上摩擦，對欲望不斷做減法，最後只能用吃來給自己找個臺階下。在吞下美食的一剎那，我們可以暫時忘記那些揮之不去的沮喪，這樣的愉悅感治癒了我們的焦慮、麻木、寡淡，是對生活最好的慰藉。

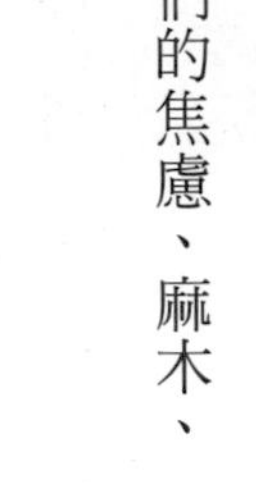

中年夫妻經歷過生活的坎坷之後，便不再迷信把一個人的溫暖轉移到另一個人的胸膛，只**經營一起長胖的恩愛**。

當兩口子都把剩餘的力氣用到消化上，就沒有那麼多精力去胡思亂想，食物落進胃裡，靈魂也就有了根，心裡也就有了底，那些婚姻生活裡的怨懟、憤懣、哀愁終將煙消雲散，吵了一輩子的冤家也能紅塵作伴，胖得理所當然。

低級的欲望，透過放縱即可獲得；高級的欲望，透過自律才能贏取；頂級的欲望，透過結婚多年方可領悟。

每一斤肉，都是我們成功化解欲望的戰果；每一寸腰圍，都是我們放棄虛榮，返璞歸真的體現。

中年人為何容易發胖？答案已經十分明朗了——那都是在每次欲望出現的時候轉移注意力，給自己找個臺階下。

所以中年人沒事別隨便出門，出門一趟，得吃好幾頓。

總得有人唱黑臉

中年夫妻「界限感」的最高境界，是擁有各自的廁所。

有一次和朋友們聚餐，席間一位在大公司做ＨＲ的朋友吐槽，最近新來了一個部門主管，特別缺乏界限感，比如總是干涉別的部門的工作細節，總是過度無效溝通，總是質疑別人做不好事……

然後大家開始討論什麼叫界限感。

有人在網上搜索到標準答案：界限感就是能分清自己和他人，分清自己的事和別人的事，自己的事自己做，自己的結果自己負責，不干涉和評判別人的事。

聽他們這麼一說，我馬上就有了代入感，沒錯了，這說的不就是我家十三姊夫嗎？他應該就是最有界限感的人啊！

首先，他能分清，絕對能分清。在我們家，唱黑臉是我的事，唱白臉是他的事，他只做討好兒子的事，所有破壞親子關係的事都是我來做。

其次，他也從不干涉我的這些事：不干涉孩子漫長暑假的安排，不干涉孩子暑假作業的規劃，也不干涉孩子的一日三餐……因為這些是我的事，他只負責在家的時候讓兒子放下手頭的事跟他出去抓知了。

你看，多有界限感的男人啊。難怪這種人在大公司混這麼多年還沒人投訴。

當然，我又想了想，夫妻做久了，好習慣都是雙向奔赴的。所以我的界限感也不差，比如：自從孩子他爹說他要負責兒子的數學，我就絕對不碰數學一根手指頭，堅決不碰（何況我也不會做），我充分尊重且不涉足孩子他爹認領的領域，這不就是界限感嗎？

這話一說完，好傢伙，在場的幾對中年佳偶都按捺不住互誇了起來。

A說：「我老公在界限感這方面也妥妥地拿捏到位啊！他今天問我：『你上次說要給我換個新的浴巾，怎麼還沒換？』浴巾就在他斜上方〇．〇一公尺遠的架子上，在那兒放了一個多禮拜了，他就是不拿，絕不會越界，因為換浴巾是我的事，他一定是懷著尊重專業領域的心態，維護著界限感的最後一絲底線。」

B說：「我老公這方面也很懂事呢！就因為我有次心血來潮做了饅頭，於是乎做饅頭永遠是我的事，每次他想吃饅頭，就會讓我做，我出差他就會等我出差回來做。如果我不做，他這輩子也不會自己吃饅頭。想必在人與饅頭的共生關係這件事上，他充分體現了自己優雅的界限感。」

C說：「論界限感，我們夫妻倆排第二，就沒人敢排第一！在我們家，拖地板、洗碗、擦爐子、洗曬衣服，必須是我的事。我出去一週旅遊回來，碗還在水槽裡，髒衣服還在沙發上，出門前洗好的襪子還晾在陽臺上，他和兒子絕對不敢造次。這屬於我的專業領域，界限感就像我老公頭上的毛髮一般，根根分明！」

D說：「我覺得我拿捏得也挺好的，我們有各自的廁所和免治馬桶。」

聽到這裡我隱約覺得風向不對了，界限感引發的暗物質鄙視鏈浮出水面。果然啊，最高等的界限感，還是得物質條件充分、可支配資源足夠，說白了，財富越自由的夫妻肯定界限感拿捏得越到位。

中年夫妻界限感的最高境界，應該是擁有各自的廁所、各自的書房、各自的床……

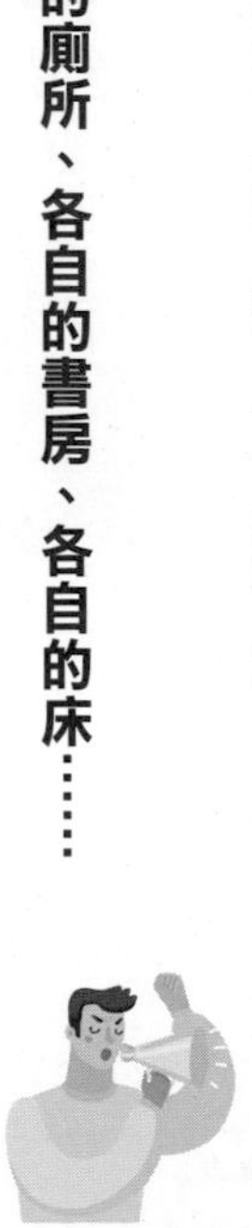

君在馬桶甲，我在馬桶乙，有事隨時傳訊息，沒事不要亂串門。

君在臥室丙，我在臥室丁，自覺降噪不擾民，反正也不生二寶。

據我觀察，大多數中年夫妻的界限感和分寸感，都拿捏得死死的。

我們簡直把「界限」活成了下意識的日常，大概算是世上最有分寸感的人群了。

基本上就是「不麻煩您，我自己解決」的這種關係，或是「您辛苦了，還要包容我處理事情的時候占用了您的部分資源」的高級互助模式。

有人可能會說：「這豈不是太冷漠太見外了？」

此言差矣。俗話說，世上不存在永恆的恩愛，**所有的「還沒離」都緣於雙方還能忍。**

所以啊，界限感就是「忍」裡的較高境界。

說白了，「把對方當客人的時候，界限有了，滿意度也上來了」，界限感和舒適度成正比。

我聽過不少中年老母抱怨：自己教育孩子的時候，老公總是唱反調、拆臺、阻止，甚至因為這事鬧離婚。這何苦呢，大家心裡必須有明確的立場，如果沒有，總要有人先邁出這一步制定立場——孩子的事，誰掌握決策權？

兩人中必須有一個人具備這樣的魄力——對，你是有發言的權利，發言完了，決策者還是我。

發言一起發，決策一起做，理念一致時挺好，理念不一致時呢，離婚嗎？別給國家添麻煩，只需提升界限感，事情就好辦了。

我寫過一篇文章叫〈補習問老公，一問全劇終〉，其實已經點破了夫妻間在理念上的界限劃分要素——「其實每一個成功的熱血媽媽背後，都有一位屹立不倒在支持她的爸爸。如果不能達成意見一致，每一場補習都能成為夫妻倆和諧相處的絆腳石。」

我一個朋友的老公每週一趟山寨古玩街必不可少，今天帶回來一對核桃，明天拿回一個葫蘆，出差必遛當地茶城，什麼季節喝什麼茶，什麼茶用什麼壺養茶寵，比養兒還認真。

而對老母來說：配偶一把壺＝兒子的全科一對一。

在有些問題和觀點上，男人和女人不能統一，所以勢必得各自獨立，比如老母和雲配偶分別撐起不同的產業，媽媽們拯救了教育，爸爸們活絡了邊緣經濟。

你買壺、買手串、買釣魚竿的時候，界限感我有。

我教孩子、報課、上才藝班的時候，界限感你也得有。

否則，非常簡單，孩子的學習全由你來負責，而我負責買壺、買手串、買釣魚竿。

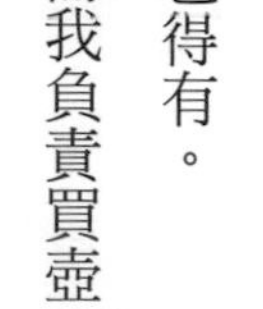

如果我又要負責孩子學習，又要支持你的消費觀，而我報班的時候還要徵求你的意見，對不起，你還真不拿自己當外人？

修煉到一定火候的夫妻，界限感如同情人節的玫瑰、「五二〇」的紅包、「雙十一」的優惠券，能為堅實的親情保駕護航。

別人在這些日子裡「談感情費錢」，而我們在這些日子裡用界限感保住的不光是「不讓中間商賺差價」的樂趣，還有「充滿神祕感」的人設光暈，讓別人猜不透我們到底是不是單身……

界限感的好處這麼多，我們有什麼理由不去認真學習、仔細拿捏它呢？拿捏的時候也有幾個小技巧，不知當講不當講……

比如在我家，什麼新入手的家用電器啊、工具器具啊，買回來第一次我就讓配偶去用，讓他去解析說明書，讓他去實操一遍，把使用權賦予他，以後這項工作基本上就是他的了，因為我可以永遠說「我不會」。

這就叫釋放對方的能力，然後尊重這種能力的不可侵犯性，保障這種能力的發揮，不越界。

好爸爸：優質婚姻的核心

「今天誰陪小孩」
是體現夫妻真愛的方式。

有一位已婚有小孩的男歌手在參加一檔真人秀節目時說自己當全職爸爸後憂鬱了一年多，看了一堆教育的書，那段時間有點崩潰，總是想哭。

好傢伙，這可惹得無數迷妹心泛漣漪，產生了無盡悲憫，主要是因為他長得帥，他的父愛背後居然曾經隱藏著深深的崩潰，可太讓人心疼了。更重要的是他用實際行動向男性朋友證明了一些重要的事：

一、原來不是只有女人才有產後憂鬱啊！

二、原來帶孩子的憂鬱不是女人「太矯情」或「太小題大作」啊！

三、原來誰帶小孩，誰容易憂鬱啊！

所以女性觀眾喜歡他是各種原因都混在一起：一是人家確實當了全職爸爸，對家庭和孩子很用心，強過了大多數雲配偶；二是他給了那些不把「憂鬱」當回事的人狠狠一巴掌——別再說女人事多了。

但看著網友們的評論，我又陷入了思考。網友們說：「真棒，為了家庭放棄事業，是個好爸爸好老公。」

全職爸爸帶孩子帶得憂鬱、崩潰，為了家庭放棄事業，就會被評價為「遇上他此生無憾」，是好爸爸好老公。這固然沒錯，不過我好像從來沒聽過當全職媽媽憂鬱了崩潰了的時候，為了帶孩子放棄工作的時候，有人說「遇上這樣的老婆此生無憾，真是個好媽媽好妻子」……

社會對媽媽和爸爸的分工其實還是有根源上的不同的，雖然嘴上都倡導著「父母雙方應該承擔相同的責任」，但實際上，當雙方真的承擔了相同責任時，爸爸很容易被稱讚，媽媽卻習慣性被告知「當媽的就這樣，我們不都是這麼過來的……」

我一個朋友給我講了一件事。她兒子是市級游泳隊的，幾乎每天放學後都要父母輪流接送他練游泳。有一次媽媽去接的時候，門口很多奶奶和阿姨對她說：「你可真有福氣，你看你老公多好，對孩子很用心，經常來接送孩子。」

我這個朋友就反問那些奶奶和阿姨：「我和他來的次數差不多對半分，他來接兒子的時候，你們有沒有對他說過『你可真有福氣，你看你老婆多好，對孩子很用心，經常來接送孩子』？」

所以說，這個社會對「男女分工」其實還是有潛意識的。當爸爸們做了哪怕只有媽媽們做的五分之一的事情，都可能會得到五倍的關注和誇讚。話說回來，就算爸爸只做了媽媽們的五分之一，我們應該去誇爸爸嗎？應該，非常應該。我們就應該全方位把這些爸爸的事蹟發揚光大，支持社會各界誇爸爸做得多做得好。只要他們做了，就誇，使勁地誇，不留餘地地誇，誇上天。

男人，在家庭和育兒上的天然悟性，確實是低於女人的，正因為如此，爸爸進入角色和主動挑擔子的意識就比較薄弱，但是我也看到很多爸爸在教育孩子的第一線上，媽媽倒是很少露面。可見，不存在什麼「會不會」，只有「肯不肯」。

而且當代爸爸有很多已經在慢慢進步了。但是這少數爸爸做得比媽媽多，如果社會不給他們全面的肯定和鼓勵，他們在主流社會裡就沒有身分認同感啊！媽媽群聚的地方，一個爸爸混在裡面，他自己都不好意思；學校有什麼活動，一個爸爸和無數個媽媽一起參加，他下次可能就怕了；其他爸爸甚至可能會覺得：「你一個大男人整天圍著孩子和廚房轉，真沒出息。」

所以，女人不能一邊抱怨「爸爸不帶孩子」，一邊又不斷壓縮帶孩子爸爸的激情。對這類爸爸，大家就應該群起而誇之，為「積極帶孩子」和「跟老婆付出同等精力用於家庭生活」的男人唱讚歌，讓他們嗨起來，驕傲起來，做了一次還想做第二次……只有當這種真正的正能量占據了上風，才能讓每家每戶的爸爸逐漸意識到：「我不多承擔責任好像有點沒面子啊，會被兄弟們瞧不起啊。」

俗話說「陪伴是最長情的告白」。按照這一標準，有了孩子之後才是每個人告白的高峰，可能從小孩出生直到孩子成年，我們告白的次數怕是繞地球七圈半也繞不完。

不是我們天生就擅長陪伴，只是這種陪伴很多時候來得不由自主，躲也躲不掉。只不過，媽媽陪伴孩子和爸爸陪伴孩子的形式和方法真的不太一樣。主要區別就在於：媽媽陪孩子是顯性的、具象的、持久的；爸爸陪孩子是隱形的、大條的、想到什麼就做什麼的。如果媽媽的陪伴如同日月星辰，可作參照物，那爸爸的陪伴就是天邊那朵雲，來去無影蹤。

這也不能怪爸爸們，因為他們大多數時間可能在：**一、上班忙；二、要出差；三、加班多；四、「我先上個廁所」……**

所以，「今天誰帶小孩」成了很多家庭裡明爭暗鬥的一大主題。尤其在孩子放假時，一日三餐、吃飽穿暖、檢查作業、輔導功課、安排補習、練習樂器、體育鍛鍊、課外閱讀、娛樂項目、預防近視、杜絕肥胖、抵制慵懶……

一想到這些，我的第一反應就是「讓爸爸去做，他得鍛鍊鍛鍊」，爸爸的第一反應是「媽媽做得好，還是媽媽來做吧！」如同踢皮球一樣，進入鬥智鬥勇的暗箱操作裡，就像村裡的老太太一樣，表面客客氣氣地推推搡搡，內心恨不得甩手就跑。陪孩子這項超級牽扯精力又不可推卸的任務，在父母之間形成了一道易守難攻的堡壘，「今天誰陪小孩」成了展示夫妻默契程度，體現真愛的方式。

每次寒暑假之前，媽媽團都會辦一次懇談會，傾訴寒假裡的如履薄冰、緊鑼密鼓，不但要嚴絲合縫地規劃孩子的日程安排，還要見縫插針地履行好當媽的責任，生怕缺席了某個章節，在陪伴的軍功章裡少了重要的一環。於是大家開始分享著如何有

計劃、有步驟、有方法地合理利用一切資源，來幫助自己帶孩子。

首先，就是從孩子他爹入手。一個朋友說她給老公發了一份假期任務清單，內容如下：

一、每天早上不得晚於七點三十分起床，並叫醒孩子，陪孩子出門跑步鍛鍊。

二、工作日每日上午、中午、下午三次與孩子練習，溝通交流，叮囑安全事項，監督執行效果。

三、避免一切無意義的低效活動，如加班、應酬、聚餐，下班第一時間回家，進入父親角色。

四、晚上要安排豐富且有意義的親子項目，如親子共讀、親子遊戲、親子聊天、親子家務勞動、親子手作等，嚴禁自己捧著手機玩，嚴禁進入廁所超過十五分鐘。

五、有問題自己解決，別問媽媽。

後來我問她：「你老公執行得如何了？」「別提了，才執行了一天孩子他爹就累得感冒了，乾脆臥床不起……」可以想像，爸爸們的陪伴有時來得聲勢浩大，但最後很可能只是虛晃一槍。而媽媽們的陪伴可是實打實的，不光要把孩子的時間安排得滿滿當當，自己也要跟著馬不停蹄，有的連線上課都要陪著上，作業也要陪著做，不會做的題目還要幫著講解，同時不能怠於管理自身建設和成長。據說媽媽的一天也只有二十四小時，真的嗎？我不信……

這個時候，如果爸爸跳出來說一句「今天我來安排孩子學習吧」，那便是愛情回來了。嗯，沒錯，當代妻子不需要鮮花、項鍊、巧克力，也不稀罕紅酒、咖啡、燭光晚餐，只要老公能陪孩子，那就是最偉大的愛。

不過陪孩子念書這事可真不容易，有一次我給我家孩子爸爸交代了這項任務：這個假期，多在家陪孩子念書。他一口答應了下來，拍著胸脯說：「包在我身上，我小名就叫彎道超車！」

第二天讓他去給兒子檢查數學作業，他跑進去把門一關，滔滔不絕，過了半小時我一開門，只見他正慷慨激昂地介紹著古羅馬鬥獸場。「你不是畫輔助線嗎？怎麼跑到鬥獸場去了？」「哎，你不懂，學習講究的是發散性思維。」……

這時兒子發話了：「爸爸這道題不會做，然後就開始講古羅馬的故事了。」

前兩年我看過一份很振奮人心的學習資料，標題叫〈關於進一步加強家庭家教家風建設的實施意見〉，其中有一句話我覺得特別棒——男性伴侶在家裡不能當「大爺」。

看到沒有，男人在家是一種什麼樣的姿態，已經上升到了「家教家風」的高度——不參與家務，就是沒家教；不管孩子，就是沒家風。連家教家風都不行的男人，堪稱輸在了起跑線上。一個男人優秀不優秀，先從家教家風看起。

「不當『大爺』」的涵義，其中就包括既不要在「丈夫和爸爸」角色中帶有太多的偶像包袱，也不要在該承擔責任的時候瞻前顧後，必須從頭學習怎麼當老公，當爸爸。時刻默念：「我是親爹啊，我是在撫養自己的DNA啊，必須全力以赴啊，不能像給人幫忙似的啊！」

當然，不得不承認，這個時代真的已經在越變越好，尤其是生活在上海的我們時常能看到一些主動挑起帶孩子重任的爸爸。別的不說，我兒子從小到大，從幼兒園到中學，學校家長會主力一半以上是爸爸，談起輔導孩子的細節，爸爸大多都能侃侃而談。

有很多爸爸，已經越來越像媽媽了……

他們在家不但不當「大爺」，他們還當起了「大媽」，絮絮叨叨，沒完沒了。我們女人說什麼了嗎？沒有，因為我們更包容，更理解「帶孩子帶多了沒有不絮叨的」。

真是應了那句話：「時代不同了，男女都一樣。」一邊是女人更像男人，一個個都進化成了硬派的爺們；另一邊是男人更像女人，逐漸有了慈母般的生活慣性。

在婚姻和育兒的領域裡，如果只有女人越來越男性化，又當爹又當媽，那是家風家教的倒退，是社會的倒退，是物種的倒退。而當你出現「爸爸越來越像媽媽」的感覺，那才應該算得上是一種最深沉的表白。如果少了這種表白，生二寶都難，更別說三寶了。

由此可以得出結論：只有當男性伴侶的家風家教達標了，生育率才有可能真的提高。

韓國推出過一部神奇的《孕婦指南》，乍一看這名字，我還以為是科普類影片教材，看了一眼內容，發現差不多就是一套「女德行為規範」吧！

《孕婦指南》裡的內容，大致總結下來就是在教育孕婦——你生孩子沒關係，但別影響你老公正常生活，也別耽誤了自己照顧老公和家庭。這個指南給準備生小孩的孕婦提供了一些細節指導，比如：要在即將分娩住院之前為丈夫準備好飯菜吃喝，還貼心地給出了具體細節——扔掉放了很久的食物，提前準備三、四道小菜作為家人的食物，準備好速食咖哩，這樣不擅長料理的丈夫可以方便食用。如果不看出處，光看這一小段，還以為是出自《如何照料半身不遂的病人》。

還有更多細節指導——為家裡人準備三天以上、一週左右的換洗衣物，準備好住院

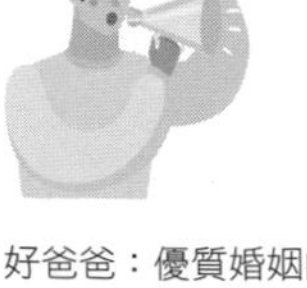

期間丈夫和孩子們換洗的內衣、襪子、襯衫等，確認生活必需品剩餘量，去醫院之前記得檢查一下生活必需品的用量，不要讓家人感到不便……

嗯……怎麼說呢，很多女人其實就是這麼做的。別說孕婦了，就連我這樣的普通老母，出差之前也會盡量把能安排的安排一些。但是！這是我自己的模式，是按照我的生活習慣，我想怎麼做都沒問題，但沒有人可以來要求我這麼做。打個比方，我可以在婚後隨時決定生個孩子，但如果有個什麼狗屁指南冒出來教育女性「結婚後必須立刻生個孩子」，那我可就不樂意了。

而且，「不要讓家人感到不便」真是一個極其巧妙的前提啊，所以生活的擔子就應該由女性背負起來？否則不就讓人感到不便了嘛……這讓我想起了日劇《坡道上的家》，劇中的水穗每天抱著孩子負重爬上高高的坡道，就像扛起生活的重壓一樣，為的是「不讓家人感到不便」，那她的不便誰來解決？能寫出這樣的語句來的人，估計還在叼著奶嘴滿地找娘！一個孕婦要做好各種後勤保障和周全服務來保持「不讓家人感到不便」，呵呵，你們還要親自呼吸？太辛苦了。

這《孕婦指南》不是指導孕婦如何在孕產期保護和照顧自己，而是指導孕婦如何在孕產期保護和照顧老公。老公有手有腳的，也不用忍受懷孕和分娩之痛，他們只花三秒造出個人，造完了還恨不得繼續像一尊佛像一樣被供著。為何不給那些男人做個大餅，中間挖個洞套在脖子上？

中國女性看了這個震碎三觀的指南之後，很快就陷入了思辨之中——「比起韓式植物人老公，我家的豬隊友還有可取之處。」可惜啊，「植物人式配偶」在東亞父權社會文化裡屬於普遍現象，日韓尤甚，女性被當成是男權社會裡的附屬品和生育工具。

在北京、上海、廣州這樣的大城市裡，已婚女性地位真的屬於非常高了。有人覺得不可思議，她們對韓國的美好印象來源於言情劇、偶像劇和霸道總裁、深情男主角……醒醒吧，霸道總裁這種人設，正好就是父權社會的核心，女人象徵著弱小、無能、瑣碎、受男人支配、被男性掌控，她們需要被塑造成人畜無害和柔軟、甜美的人設，才符合父權主流審美。

韓國人用美好的偶像劇來持續輸送「奶嘴樂」讓廣大女性少思考、多沉淪，甘當附屬就完了。其實不論在哪個國家，植物人式配偶也不少見。有些男人，在外面似乎很厲害，呼風喚雨的樣子，槍林彈雨都不怕的氣勢，一到家，就成了四肢無能、生活廢物。不是他們真無能、真廢物，而是家裡有個可以任他調遣的免費「保母」。那個「保母」事無鉅細，大包大攬，時間一長更沒辦法全身而退，只能繼續付出，

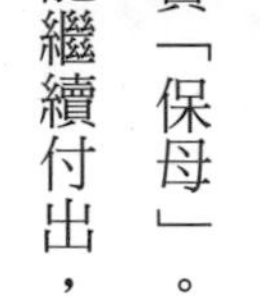

而享受的人則一直面不改色地繼續享受。

不僅如此，很多自己完全不能幫上忙的植物人式配偶們，還要在言語上打擊妻子，而他們根本不覺得自己說錯了話。

前文曾提到，電影《厭世媽咪日記》中的女主角，帶著兩個孩子，自己又懷孕了。不堪家裡家外重負的她，偶爾累到懶得做飯，丈夫一進門就會用抱怨的語氣說：「怎麼給孩子吃外送披薩？」說完他一如既往地上床打遊戲去了。

她最後也出現了精神問題，分裂出了一個並不存在的保母，每天用保母來解救自己。那個一回家就什麼都不做的丈夫，在劇終時終於能幫老婆洗個碗了。

生孩子、帶孩子，這些細碎而不起眼的千百件小事疊加起來的生活，是最最磨人的。女人在這些細節中不得不改變自己，適應現狀，從身體到精神都經受著巨大的壓力，但在很多婚姻裡，這些都不會被丈夫看到。即使看到，他們的第一反應是「所有女人不都是這樣的嗎」。

誰都是第一次當父母，男性在生育這件事上沒有任何痛苦，承受所有身體和精神壓力的只有女人，儘管如此，還有一些男人認為女人生孩子就和老母雞下蛋一樣，大致思維不過以下幾點：

一、別人不都生了嗎，怎麼就你矯情？

二、你生個孩子怎麼了，還不都是我賺錢養你和孩子？

三、我已經很辛苦了，你就不能體諒體諒我？

我可太好奇了。也想問問那些男人：

一、別人是都生了，別人生的是你的孩子嗎？

二、你賺錢怎麼了，不結婚不當爹你就可以不用賺錢了？

三、世界上只有一種人不辛苦——死人。

然而，有好多植物人式配偶依然覺得自己是非常主流、非常正確、非常應該被尊重的。他們的特徵是：一、覺得自己完全沒問題；二、甚至覺得自己已經比別的丈夫好一點了。

電影《82年生的金智英》在韓國上映期間進行網路評分時，女性給分九．五〇分，而男性給出的分數只有二．八四分。

很多韓國男人還說：「該電影是一群被害妄想症的狂歡，建議送她們去做心理治療。」

可不是嗎？金智英確實有精神問題，她確實應該治療。

但問題不是誰需要治療，而是金智英式主婦們的精神問題怎麼來的，這才是根本問題吧！男女本不該是兩群被分裂的群體，至少在婚後，小家庭裡，男女應該有著同等的責任和義務，我們不能說男性應該擔起更多的擔子，但現實狀態是，往往女性擔起的擔子完全不比男性少。在這種前提下，憑什麼男人還能理所當然地覺得某些事是女人必須做的？

豬隊友尚且是個隊友，至少能並肩作戰，哪怕成了攪屎棍，起碼也是一個戰壕裡的。而植物人式配偶就真的帶有一種坐吃山空的優越感，往往很容易站到女人的對立面，讓女性心灰意冷，甚至出現病態。

如果說婚姻中應該相互扶持，那麼男性對女性的扶持在哪裡？如果連懷孕生產這等人生大事都不能得到老公的照顧和體恤，那要婚姻幹麼？

植物人尚且懂得感恩，至少對照顧他的人不會指手畫腳、挑三揀四；而那些主張女性把老公當嬰兒來照顧的人，希望他們就算不懂感恩也要懂得一個道理：「植物人式配偶」壽命短。

論爸爸在家裡的副作用

別惹中年男人，
他們認真起來，真沒有搞不砸的事。

有一天，我本來醞釀了一篇〈淺談爸爸在家庭教育中的作用〉，然後有個朋友說：「自從我在陪讀過程中失手摔壞了兒子的平板電腦之後，我老公大手一揮，主動承擔起了陪孩子念書的重擔。從此，他時而捂著胸口咆哮，時而揪著頭髮沉默，時而熱血沸騰深夜還捧著小學五年級課本刻苦鑽研，時而在陪兒子上線上課時偷偷用口水打濕了筆記本……以前，他會在我罵孩子的時候指責我暴躁、幼稚、缺乏耐心；現在，他會在我把他和兒子都關在書房時埋怨我冷酷、無情、無理取鬧……」

於是我就改成了〈淺談爸爸在家庭教育中的副作用〉。

從她的故事裡，我們看到了質量守恆定律：一個家庭的焦慮和暴躁以及不和諧關係是不會憑空消失的，假如孩子的媽媽突然不焦慮不暴躁而且親子關係融洽了，那麼就代表孩子的爸爸入坑並已經開始發揮作用了……但是要問「爸爸在家庭教育中的作用」，那麼我可以負責任地告訴你，他的主要作用可能是副作用。

＊副作用一：打遊戲別被你媽發現

曾經我以為，雲配偶會是家庭教育裡的重要基石，再不濟也是墊腳石吧？其實呢，他曾一度成了我在家庭教育上的攔路虎、沖天炮、旅行的青蛙。需要他時，他就一心想去看看外面的世界……

而去外面的世界看看至少我還能落個清靜，可雲配偶一落地，不是風就是雨。

有一次我晚上有點急事要加班，難得一次孩子爹自告奮勇接過看孩子的重任，我告訴他兒子還有三天就要期中考試了，他拍著胸脯說：「有我在，看來這次期中考試要名列前茅了！」

一個多小時後我下樓一看，兩人匍匐在沒擦過的地板上，「超級瑪利歐」打得正歡，兒子時不時拍手叫好。孩子爹按住兒子說：「小點聲，打遊戲不能被你媽發現。」

＊副作用二：就沒有我搞不砸的事

兒子已經小學三年級了，雲配偶還從沒有認真研究過孩子的教科書。三年級時他無意中瞄到了兒子的課本，就像發現了新大陸，一邊翻一邊找碴：「這插圖誰畫的，太醜了，這不影響孩子審美嗎……這個字念什麼？這麼難的字我都不認識讓孩子學，這不揠苗助長嗎……」足足研究了一節課時間，最後撂下一句狠話：「這種課本，不讀也罷！」

孩子都看不下去了：「爸爸，你能別妨礙我包書套嗎？」

這句話又像走火的炮仗一樣炸了雲配偶的神經，他跳起來說：「包書套這種事我是最拿手的。」

我也不知道他當時怎麼想的，也許是想展現一下父愛吧，最後他成了兒子的阻礙——買好的現成書套不用，非要用牛皮紙現裁現包，最後包出來一堆歪瓜裂棗。

但這不是主要的，主要是兒子不希望爸爸碰他的課本，所以從那以後所有和課本有關的事，全是我的事。

雲配偶的奉獻也許是潤物細無聲的，就是透過自己搞砸一些小事來襯托我的能幹，從而那些小事都順理成章成了我的事……

而且別惹中年男人，他們認真起來，真沒有搞不砸的事。

＊副作用三：教育孩子就得像我這樣

我教導兒子從小要習慣做家務，苦口婆心、以身作則地指導了半天。孩子爹慢悠悠地從廁所裡走出來，飄出一句：「沒必要，大了自然就會了。」

我把黏毛器給兒子，讓他給我清理衣服，教育他學會分擔媽媽的工作量，多做家事。孩子爹慢悠悠地從廁所裡走出來，飄出一句：「黏毛器這種東西就是給懶惰女人設計的，男人根本不穿黏毛的衣服。」

我教育兒子要把時間用在刀刃上，有空閒時間多看看書，沉澱知識。孩子爹慢悠悠地從廁所裡走出來，飄出一句：「閒著沒事過來跟我一起做有意義的事情吧。」然後掏出了核桃、橄欖油、棉布、小刷子，就那樣可以靜靜地帶著兒子磨一下午，夕陽映射下如同油畫裡的兩截老樹樁。

＊副作用四：唱白臉，我是專業的

在媽媽給孩子立規矩的時候來拆臺，在媽媽炫耀自己的時候來揭短，在媽媽扛不住的時候來趁火打劫，這是雲配偶副作用的普遍症狀。不合時宜地扮演慈祥的老父親，是入門必備。

我跟孩子說：「世上母愛最偉大，媽媽永遠都是為了孩子好。」雲配偶會趕緊問我：「那你怎麼不聽你媽的話呢？」

我吼小孩練琴嗓門大了點，雲配偶會從天而降出現在我倆中間然後說：「幹什麼？以後不靠這個吃飯，別練了。」

我逼著孩子複習刷題，雲配偶會準時出現對兒子說：「這麼好的天氣跟我出去逛一圈，作業急什麼。」

如此看來，兒子小學時在看到作文題目〈——真辛苦〉時，毫不猶豫寫了〈爸爸真辛苦〉是有道理的。媽媽每天只不過是做了一些又囉嗦又奪命又不切實際的小事，而爸爸做的都是樹立信念安撫人心保護青少年的大事，能不辛苦嗎？每到這時，我都希望如果我是爸爸該多好。一邊被傳唱讚美著父愛如山，一邊可以肆無忌憚地吐槽著生活的艱辛和壓力，一邊還能在孩子那邊做好人，至少能被寫進作文。

＊副作用五：給孩子花的錢，百分之九十九是上當受騙

爸爸們最大的副作用，在於會讓媽媽們付出的一切都化為泡影，無論是從精神上還是物質上。

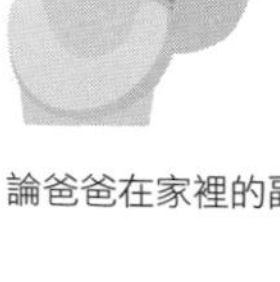

比如我好不容易給兒子選好了一個可以託付提高成績的安親班，孩子他爹就會來一句：「騙人的，不管用。」我好不容易下定決心讓孩子上一門才藝課，孩子他爹就會冒出一句：「沒用的，他不是那塊料。」

但他自己帶著小孩花幾千塊錢買了一堆刨坑的機器，準備在院子裡大興土木種馬鈴薯和豆苗，他說這叫育兒。

雲配偶不在家的時候，我胸懷宏圖大志，立志把一身才華用於培養國家的下一代。我殫精竭慮，我自強不息，我蠟炬成灰淚始乾，無時無刻不感覺自己是一個優秀的老母。

雲配偶一回來，我開始提心吊膽，就怕他一個即興發揮破壞了我的宏偉計劃。我小心翼翼，我東躲西藏，他卻野火燒不盡，春風吹又生，讓我感覺總是輕鬆被打敗。以前還沒有進入育兒領域的時候，我的人生沒有敵人。後來，在家庭教育中風起雲湧的鐵打兄弟情，偶爾共赴刀海，多數時候還要提防內賊。我只能深呼吸，假裝氣定神閒地問一句：你看天邊那朵雲，像不像副作用？

刀刃兒：小孩

我們只有在「磨刀」的時候，
才顯得特別自由。

二〇二〇年我打算買房，我幾乎每天都在用雙腳丈量著上海寸土寸金的街頭巷尾。丈量的速度趕不上房價上漲的速度，丈量的底氣也追不上別人直接加價搶房的帥氣，丈量的輻射圈已經由市中心核心腹地延展到了在三個區內都能考慮考慮。恐怕過不了多久，我的要求就將跌落到「只要是內環內就行」……

有一天我又去看房，那套房子價格超預算，看得我膽戰心驚，我對仲介說：「這房子一般，地段一般，環境一般，房型一般，不必考慮，走！」剛走出去兩公尺遠，

仲介對我說：「這房子是明星學區。」

我優雅地轉過身：「幼兒園呢？」「思南路幼兒園，這可是間明星幼兒園。」媽呀，突然就覺得這房子的優點還不少啊！地段黃金，環境安靜，房型敞亮，價格也還算合理……兩秒鐘後我想起來，不對，我兒子已經上中學了，我管它什麼明星學區啊，和我有什麼關係？我想我這應該是帶孩子綜合症的後遺症吧，看見房子就想學區，聽見好學校就想進去……

然而，我現在已經是一個不再需要學區房的老母了，逃離了它的裹挾，買房不用再考慮學校，這實在是太爽了，哈哈哈哈哈！所以啊，這房子真的很一般，地段真的也不是特便利，環境真的也不是很幽靜，房型真的也不是最好，卻還這麼貴，呵呵。

又過了兩秒，我忽然又想起來，不對，我孫子還得上幼兒園小學中學啊……「我們再進去仔細看看，剛才漏掉一些細節。」然後我又進去看了一遍房。短短五分鐘內，這位客戶竟然又回頭來看，小哥的眼神中露出興奮的神情，感覺我差不多今天就能付個訂金……

你們知道午後陽光灑在梧桐樹上漏下的斑駁光點為何看起來格外溫暖迷人嗎？那是因為時不時就會有些中年老母在那些大樹底下做著感天動地的沉思和抉擇，她們偉大而長遠的母愛已經彌漫到了空氣裡，在那些法式大宅和花園洋房的圍牆裡，到處都滲透了無數老母親苦心為兒子女兒以及孫子孫女經營著的未來。

我知道錢要花在刀刃兒上，我也知道我兒子就是刀刃兒，但是現在，我又超前一步地發現，我的那個有可能存在的孫子，正在距離來到這個世界至少還有十來年的時候，就已經成為了我的刀刃兒！這叫一代更比一代強，還沒出生就選房。

為了現有刀刃兒和還未出生的刀刃兒，老母親們總是能做一些極其不明智的選擇——比如買一套價格高了不少的房，只為了那些感動著自己的可能性。而為了這些感動自己的可能性，老母親們往往出手闊綽，一擲千金，眼都不眨。

正如在那不明就裡的仲介小哥面前，我看起來可能是一個為了學區花錢不眨眼的魔鬼，但誰又能猜到回家路上的我連喝杯咖啡都覺得浪費，只想趕緊到家多喝熱水。他也絕不會想到，我們中年老母的某些「一念之間」，不是因為「我是一個很厲害的人」，而只是因為「我是刀刃兒他媽」，甚至「我是刀刃兒他奶奶」。就像當媽媽們走進補習機構的那一刻，機構銷售眼裡看到的不是你們，而是刀刃兒之母；媽媽們走進去也不是因為喜歡他們，只是因為刀刃兒們需要「功德箱」的加持。

看完房回到家，有個朋友問我去不去麗江。前段時間我確實信誓旦旦地跟她說我想去麗江，打算在那兒長租一個三合院，吃喝玩樂小半年修身養性，什麼都規劃好

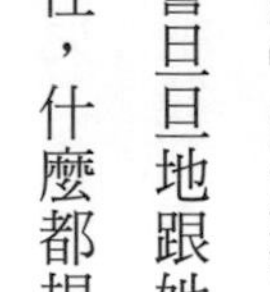

刀刃兒：小孩

了。但現在的我已經變了，我現在是一個準備為了孫子這個「刀刃兒二代」超預算買房的偉大女人了！麗江是什麼，我只愛我家的沙發。自從習慣於把錢花在刀刃兒上之後，刀刃兒的媽媽們通常都會默默地把自己活成經濟適用型老母。

週末我一邊看房，一邊留意著身邊各種感人景象，比如每當我路過各大商圈時，總能見到不少打扮樸素、拎著帆布袋子的媽媽帶著孩子奔赴各處去補習，那些背著印有機構LOGO書包的「吞金獸」們，連架在鼻梁上的眼鏡架子，都比爹媽的貴……所以，大部分媽媽都是奔走在刀刃兒之上的行者，重點已經不是優美，而是安全。為了帶大一個孩子，每個媽都放低了不少姿態，付出感大同小異，只不過有人還在為眼前的苟且而放低，有人已經為詩和遠方在放低。

我們身邊總會有很多經濟適用型老母。

有的人，自己的T恤都是一九九元斷碼清倉時搶回來的，而她家刀刃兒的一條內褲都要A類聚乳酸布料均價二九九元以上……

有的人，熱衷於給小孩一輛接一輛買平衡車，卻因為自己騎共享單車超時兩分鐘多扣了一塊錢而懊惱一週多……

有的人，手機裡天天收著花吧借吧還吧銀行發的催帳訊息，接到無抵押貸款電話時卻還能雲淡風輕地說：「等會兒再聯繫吧，我這會兒要趕著去給孩子報語文班程式班數學班和戶外寫生了⋯⋯」

同樣受到牽連的還有刀刃兒他爸。有的雲配偶，當爹前抽的是上百塊錢一包的菸，有了小孩後換成幾十塊錢一包的菸，生完老二換成更便宜的牌子，等到大寶上了高中，老二上了初中，他正式宣告戒菸，偶爾聞聞蚊香⋯⋯

別人我不知道，反正我花了上萬元辦的高級理髮店會員卡，現在已經成了兒子專屬，每次髮型總監給他剪髮的時候，我也會在一旁虛心學習，以便回家後幫孩子他爹剪，現在連我自己的劉海也是自己剪了，理髮店太貴⋯⋯

有小孩的夫妻，出門都是土豪，五星級酒店、迪士尼年卡、頭等艙遊輪、預留位餐桌，並一定要買最不實惠的紀念品⋯⋯回家後，夫妻倆可以連續三個月把中午的一百多塊錢預算改成只吃昨晚剩飯⋯⋯

給孩子報課程：「哇！打折後總價只要六萬，好便宜好划算⋯⋯」自己突然想吃個櫻桃：「什麼？這點東西要幾百塊？神經病啊！搶錢啊?!」

我的朋友給兩個兒子買了杜比環繞電影票和最貴的爆米花套餐後，自己坐在電影院外面，找我借影視網站會員密碼，刷了兩小時ＶＩＰ電視劇。

刀刃兒：小孩

她說很羨慕我買了三大影視網站的會員，還說我財富自由。哈哈，你以為我願意辦？要不是上次為了兒子做什麼科學小論文要看影片資料，非得付費才能看，我會辦那些個會員？

中年人哪來什麼真正的財富自由，但刀刃兒的存在讓我們有了發揮的潛力，我們的財富，只有在磨刀的時候才顯得特別自由。

處成道友

中年夫妻的男女關係不但純潔，還不黏人。

一天晚上我正在做作業，孩子他爹發來一部短片。影片中，一群已婚的中年男人過年期間聚餐，有人提議「不接到老婆的電話就不許回家」，結果直到半夜十二點，只有一個男人接到了電話，興高采烈地回家了。剩下一大桌子十來個中年男人垂頭喪氣地繼續熬，最後一通電話都沒響，實在熬不住了才散夥。

中年男人無人認領，中年婦女不聞不問，真正演繹了中年夫妻鐵打的友誼，這男女關係不但純潔，還不黏人。

雖然我看懂了內容，但由於還沉浸在知識的海洋裡沒有清醒過來，所以沒搭理孩子他爹。過了一會兒，他從廁所走了出來，跟我說：「我出去兜了一圈，都回來半小時了，你居然不知道我出去過又回來過……」於是我百忙之中抽空瞄了他一眼，發現他的眼神就像爾康被紫薇背叛了一樣委屈，可能是跟影片裡那些大哥產生了共情，不被關注甚至被當成空氣的中年男人們，突然意識到自己可以來去如風不留痕跡，一時間竟有點意難平。

其實只要理性思考，就知道為什麼中年男人不會被催著回家。我催你回來幹麼呢？是想要你回來占一個廁所、攤一桌子電烙鐵、製造廚餘垃圾、騷擾孩子寫作業，還是擋我 WiFi 信號？

大哥，你不是爾康，我也不是紫薇，別忘了我倆都是省油的燈，你是不是《百年孤寂》看多了？雖然那一刻氣氛有點波譎雲詭，我也想跟他掰扯掰扯，可是在佛洛伊德和孩子他爹之間，我還是果斷選擇了前者，畢竟離交作業截止時間不遠了。作業和老公，這不是一道選擇題，這是淘汰題，直接淘汰老公。

其實在很多事物跟老公之間，我們都會優先選擇前者。這就是為什麼十三姊夫在家始終排名第四，有時候他還能排第五第六，掃地機和空調都比他優先級高。他只要不違法、不惹事、能活著，我甚至願意讓他去黑龍江尋找詩和遠方。擁有絕對的自由不是他們一生的追求嗎？

結婚十年以上的男人，基本上都能實現這種自由，哪個老婆閒得沒事天天盯著老公？正常女人的心思不在這上面，關注老公都沒關注明星多。各位大哥真的用不著覺得悲涼落寞，就像你們被問到「你願意和誰度過一個愉快的週末？A：和自己的太太……」時果斷地搶答B的時候一樣，這局大家是平手。

你看，都老夫老妻了，千年的狐狸不演「聊齋」，我們都不是彼此的優先選項。中年男人們聚餐到午夜不會被催，就像我們約上姊妹出去玩個三五天也不希望有人打擾一樣，誰催誰幼稚。

何況中年婦女很務實，有一種歲月靜好叫「老公不在家」，你想出去多久就多久，只要不是帶著兒子出去，我就不會催也不會問，畢竟兒子是親生的，哲人說過：孩子最大的風險來自帶他出門的父親。

很多夫妻現在的相處比兄弟和戰友更上一層樓，已經活成了道友。道友情之高深，講究的是儒、釋、道三教合一，四大皆空，識心見性，獨全其真。大家都開始追求內心的寧靜，反正已經完成了繁衍後代的任務，剩下的日子，為彼此活成道高一尺

魔高一丈的平行線，回歸生活的本源，將老莊清靜無為的思想貫徹到婚姻實踐中練就的科技與狠活。

說到這兒，我不得不提一提我的一位遠方朋友，過年期間我跟她視訊聊天，聊了半天後，我問她：「你老公呢？」她說：「不知道，我找找。」過了一會兒，她跑回來對我說：「沒找到，我給他打個電話。」打完電話，她老公步履蹣跚過來了，跟我打了個招呼，說：「不好意思，我剛睡醒……」

我問我朋友：「你老公這麼大個人在床上睡覺，你居然說找不到他？」

她說：「我哪知道他大白天睡覺，再說我從不進他的臥室。」

那一刻我明白了她為什麼從市區小三房置換到了郊區大別墅。在家裡，夫妻倆都互相見不到，尋找對方要靠打電話，重點是：家裡的臥室數量決定了夫妻的穩定程度。

他們也是活成純潔道友的一對典範，女的天天打坐練瑜伽，男的沉迷釣魚和養花，互不干涉。偶爾遇到對方，切磋一下養生技藝，分享一些對生命的感悟，按需求交流，根據心情定尺度，這正是一種極好的養生型婚姻關係。

以前有人說不理解這種模式，我只能說那是他們境界還沒到。

婚姻裡，如膠似漆是一種模式，活成道友也是一種模式，不分高低貴賤，沒有好壞之分。

即使是無性婚姻，只要能找到和諧相處之道，便是詮釋了「色即是空，空即是色」的大智慧。婚姻中有時「空空如也」勝過「滿滿當當」，這是更高層次的生命大和諧。

無論是處成兄弟、處成戰友、處成合作夥伴，原來都只不過是婚姻的前奏，至高境界是處成道友。屆時將不再有世俗的紛爭，彼此擁有了更多自由和空間，兩人只有一個共同目標：養生續命，避免因對方而元氣大傷。

一切有利於內心平靜的行為都是正確的，一切不利於心血管健康的行為都是無意義的。大家都有一些自由，又都有一點責任，在交界線的地方彼此合作，共同「修仙」。

未婚的自由只能算孤獨，已婚的自由才是高級境界。

處成道友

一個家要有「企業文化」

我們家的企業文化是：

家庭地位取決於智商與情商之和，老公的總分落後。

有位女明星宣布離婚，一大群同情她的網友開始細數男方是如何搞砸了婚姻的，還有一堆標題可能為〈××離婚，婚姻裡七個你不知道的真相〉、〈再濃烈的愛情，抵不過婚姻生活的鞭撻〉、〈十年愛情不再，如何讓婚姻保鮮〉之類的雞湯文，應該已經在熬製出鍋的路上了……

每次在喝「雞湯」之前，我都建議大家先來片「醒酒藥」，都什麼年代了，離婚時還有人在替人家熬感情的湯。離婚縱然是作為夫妻的感情走到了盡頭，背後少不了只有他們倆才懂的問題，但人家的離婚還是名下價值九億多元的豪宅、價值三億五千萬元的酒店、十多家投資千萬人民幣以上的企業、股份和代言收益以及一男一女兩個孩子撫養權的分割……都這時候了，理性至少要占百分之五十一。對這種明星家庭來說，能直接高調宣布已訴請離婚，那說明大部分的分割基本上談妥了，或者她的律師「有勝算」。

而能夠談妥這些，互相給個體面的祝福並成功把婚離了，這過分順利的分手，已經說明這兩個人此時都很冷靜，已沒有什麼痛苦或困惑，人家的關係甚至可能超越了很多人的婚姻品質了。

有時候，能離得成的婚，就是好婚。能有個體面的收尾，就是好結尾。畢竟有多少婚姻，好又好不了，分又分不成，在那兒苦苦耗著。想離沒法離，相煎何太急。

離不成的婚中，還分好幾類，比如：撕破臉的、爭財產的、大打出手的、互相搶公司章的、當眾謾罵的、暗箱操作的、起訴幾年離婚未果的……又如：冷戰的、分居各過各的、孩子互相推諉沒人管的、分分合合剪不斷理還亂的、扭捏拖拉無法給個痛快話的……還比如：死要面子硬撐的、表面和諧背地裡恨之入骨的、為了某些利益不得不繼續一起生活的，每天都在演戲演到精神分裂的……更比如：覺得婚姻很不快樂但害怕離了婚自己沒法過的，以及已經想了成千上萬次「離婚」但礙於孩

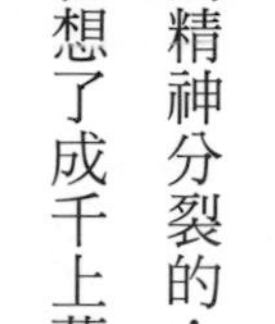

子只能勉強硬撐的……再比如：被「戀愛腦」支配，在婚姻裡越來越欲求不滿，卻又不知該怎樣改造對方，逐漸走不進對方的世界，最後只能在彼此抱怨和相愛相殺裡互相折磨一輩子的……

低品質的「偽婚姻」實在是太多了，能痛快離婚的有幾個啊？

所以說，離婚不等於真的失敗，沒離也不能代表婚姻就成功了。有的人莫名唏噓別人，倒還不如先抱抱自己。人們都渴望看到愛，不希望看到破裂。好多人都希望從其他伴侶的身上找到那種感人至深的堅持，那可能是因為自己身上已經找不到了。

我們很渴望看到分手的人復合，離婚的人再度結婚，有誤解和矛盾的情侶消除芥蒂。可惜啊，婚姻這東西，不是靠一息尚存的感情就能穩固住的，它是一個密封性極好的單向閥，進去的時候無論是順從還是掙扎只能硬著頭皮往前走，走到一半想回去是不太可能的，只能把閥關掉，先出來，有機會的話再進一次。但已經走過一次了，知道裡面是什麼樣的，再回去的機率不大。

「我的世界他進不來，他的世界我不太想進去。」離了婚的人往往敢正視遺憾。所以離婚有時候不是失敗，是拯救，是止損，是重生。「同情」和「可惜」真的談不上。人間能想像到的美好，大多數夫妻都體驗過了。有人說「十年裡坑坑窪窪也受了不少感情的傷啊」，說得好像世上存在一種婚姻是不存在坑坑窪窪似的。

再看似完美的夫妻，結了婚關上門都是有遺憾和煩惱的，只不過有人善於經營，有人願意忍受，有人力圖完美，有人順其自然，有人敢於結束。

人生若只如初見，就不會有人離婚。

當代婚姻的合與分已經不像二、三十年前那樣非要耗掉半條命才能滿足眾人的好奇心，如今我們真沒必要為一個女人的離婚而傷春悲秋，人家離婚的背後縱然有過傷心難過，但總比那些仍在持續傷心難過的人舒服多了。以後，人家至少有了白松露和美酒，多了無限的自由，少了困擾和煩心事。

刨一萬多的白松露擺在面前，普通人想的可能是「白松露的味道是介於大蒜和帕馬森起司之間的尷尬之地，貴而無聊」，而人家離異單身女性可能想的是「我明天是先請教律師怎麼談，還是直接祝福他找到更好的新女朋友……」這就是富人離婚和普通人離婚的區別。

金錢和才能買不到好的婚姻，但可以買到離婚時的灑脫和淡定。比起看到一個姊妹結婚時幸福到掉淚的感動，我們更希望看到她選擇離婚時沒有後顧之憂的從容，這比什麼都更有安全感。女人有事業的時候，一切都顯得沒想像中那麼糟了。

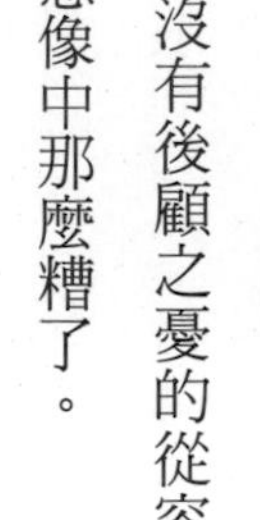

歸根結柢，人的一生可能終究以孤單收尾，能陪伴自己到最後並使我們持續快樂的也許不一定是現在的枕邊人，更有可能是做任何決定不眨眼的底氣。這就是為什麼一個理性的女人既不會勸你結婚也不會勸你離婚，但一定會勸你努力賺錢並讓自己變得更好。

有些狠人，離婚沒多久又走進第二段婚姻，他們可真是勇敢的人。畢竟結過婚的人都知道，愛情、激情、婚姻，是不同維度的東西。離了婚的女人還願意把前兩個維度延伸到第三個維度，那是勇士，換句話說，前兩個維度又快沒了，但人家不關心。

婚姻這個東西快變成「勇者的遊戲」了。

有一次我外出工作，碰到合作方的一位男性主管，他見到我就激動地說：「十三姊，兩個月前我看了你的一場關於婚姻話題的直播，看完後嚇得我不敢結婚了，婚姻裡充滿了對人性的考驗，還有不可預知的各種挑戰，結婚簡直是人類最反人類的行為啊！」

好傢伙，聽完之後我也嚇得不敢結婚了……哦，不好意思，我已經結婚了。

婚姻真的有那麼可怕嗎？

答案完全取決於你的婚姻觀。作為一個已婚十多年的「老戲骨」，我可以負責任地告訴你：如果你對「成功的婚姻」有一種執念，那我勸你還是算了，世上不存在所謂成功婚姻。

這就像做人一樣，你能保證自己的人生是成功的人生嗎？不能，你只能盡量讓自己活著。為了活著，你想盡一切辦法克服障礙，提升自我感受和價值。婚姻也是一樣。

一旦想通了這一點，就不會覺得婚姻有什麼可怕的了。婚姻就和「吃飯、睡覺、打豆豆」一樣，都是活著的一種動態呈現，沒什麼好怕的。

我發現其實很多人對婚姻又嚮往又害怕，又想搞懂到底什麼才是讓婚姻成功的祕訣。

要是我知道成功祕訣，我肯定就會開個課，全國開分校，層層打通關，上課前先集體喊口號的那種，氣勢搞大，糊弄一個算一個。

可惜我不知道。

但是，關於**「婚姻的紐帶到底是什麼」**，我專門做過一項問卷調查，可以多選，也可以單選。得到的結論是這樣的：

選擇「孩子」的占64.86%；選擇「經濟基礎」的占62.22%，選擇「愛情」的占40.96%；

其餘的如「人道主義」，甚至「保母與家電」、「作業與補習班」等，占了17.09%。

這個排序出來後，很多人的反應強烈，大致分為兩派。

第一派：為什麼愛情排這麼後面?!

第二派：為什麼愛情能上榜?!

相信愛情的和不相信愛情的兩批人，在不同戰線上堅守著自己的堡壘。

已婚多年尤其是有孩子的資深投票者告訴我們：婚姻的紐帶能讓愛情上榜純屬給個面子，屬於傳播正能量。

排名第一的是「孩子」，毫無爭議。

「孩子是愛情的結晶，是婚姻的紐帶」，這話我們耳熟能詳了。

以前以為「有了孩子之後兩人更恩愛了」，現在發現是「有了孩子之後太不方便離婚了」。

孩子小：不能離婚！孩子需要親爸媽！

孩子上學：不能離婚！孩子三觀正在建立！

孩子工作了：算了，會影響孩子找對象！

孩子結婚了：不行，會讓親家看笑話！

孩子讓婚姻中的兩個人成了利益共同體，合夥機制也產生了不易瓜分的共有財產，而且可能是回報率最高的財產。

於是，就像知道了聖誕禮物都不是聖誕老人送的一樣，我順理成章地知道了一些童話故事背後的真相。也不用誰來講解，只是因為自己成熟了——

孩子是不是愛情的結晶不知道，我們只能保證孩子是精子和卵子的結晶；孩子是不是婚姻的紐帶不知道，我們只能確定他一定是離婚的阻礙。

排名第二的是經濟基礎，婚姻裡的經濟不僅是指「有錢沒錢」，還包含「經濟是否獨立」。

愛情存在的時候是不需要吃大餐的，喝水就飽，路邊攤麻辣燙速食麵足矣。

但婚姻裡就不同了，你們吃兩頓路邊攤麻辣燙，總有一方會看到誰誰誰夫妻倆在飯店吃著自助餐。你們帶小孩玩兩年免費的公園，總有一方想學誰誰家的孩子報直排輪班游泳班籃球班。你們在不要門票的公園遛兩次彎，總有一方會眼饞別人家的奢華民宿和海島遊。

愛情是用來自我陶醉和享受的，可婚姻是用來公開展示和爭臉的。

經濟實力能解決婚內百分之九十五的問題，剩下的百分之五也可以靠金錢緩解。就比如花點錢請個比較可靠的保母，那麼夫妻倆一年能少吵幾十場架，生活能和諧好幾百倍。

當然，愛情的票數並不低。**排第三的就是愛情。**

我有個朋友告訴我，她和老公在結婚前裝的 WiFi，密碼是他們倆暱稱的合體。十年過去了，前幾天家裡修寬頻網路，她老公說「這個密碼好噁心啊」……那時她便感覺：愛情真是個笑話啊。

有人說：我選了愛情，大概是因為，想離婚時偶爾會想起當初畢竟因為愛情才走入婚姻。強迫自己想想當初那個人也是很可愛的，反過來想想換個人時間長了也好不到哪兒去，於是維繫住了婚姻。

「道德與法律」在婚姻裡也是個重要的存在。

一個朋友說：法律要是不攔著，我可能早就掄菜刀了。

道德也起到重要作用，如果道德底線低一些，很多人的婚姻會加速破裂。電影《婚姻故事》裡有段經典的吵架說得很明白，男的說：「我明明可以和無數個女人纏綿悱惻的，就因為和你結婚了，我失去了那些快樂。」如果他沒失去那些快樂，他肯定會更早失去婚姻。

道德還包括擔當和包容，婚姻裡的責任心其實沒有什麼外人來監督，全靠自覺。如果你道德水準在及格線之上，至少不會見死不救。

排名第五：婚姻裡的人道主義。

其實婚姻裡人道主義無處不在。之前我常想，明明橫豎看不慣對方，甚至正在生氣過程中，為什麼做飯的時候還是沒忘了給對方盛一碗呢？

答案是：好兄弟，講義氣。

在婚姻裡我們可以為各種瑣事爭吵，可以因為不同的三觀而不喜歡對方，但當我們一觸及生存狀態和彼此的關係，又不免要從最基本的人性角度去考慮，這就是人的善良吧。

長期的婚姻早就磨平了各種形而上的意識，取而代之的是潛意識裡的「互相支持」。人道主義精神還包含很多，有無奈，有同情，有包容，有退讓，也有利益的摻雜。

上一代的好多女人都愛這樣說：「要不是我，誰跟你過啊？」這樣說顯得姿態高一

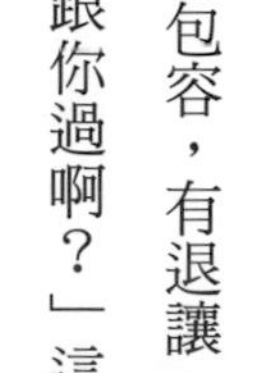

點，良心和面子都過得去。其實對很多男人來說也一樣。

真正偉大的大義，早就已經融化在了柴米油鹽裡。

還有其他少量票數投給了「作業與補習班」和「保母與家電」。

前者是在輔導作業和接送補習班的強關聯體系內促進夫妻關係，保持婚姻不被撕裂的；後者是在有後勤保障的基礎之上，被家務瑣事和雞毛蒜皮纏繞的恩恩怨怨漸退，從而為婚姻減負的。

有人說：「當初結婚的時候沒弄清楚，反正現在只剩下孩子和補習班。」

感覺婚姻有麵包和數學題就夠了，其他的都是錦上添花。

「要是孩子爸爸天天下班後把孩子的作業和輔導都料理完，那他就是真愛我了。」

「要是我老公能把所有家務都包了，甚至可以請個保母處理一切，那我覺得我也沒什麼好跟他吵的了。」

所以每個人對婚姻的要求其實都不是很高，即使這樣，也很少有人對自己的婚姻滿意，總能挑出這樣那樣的毛病，但總是無傷大雅，能說出來的都屬矯情。

其實對婚姻的理解，一百個人有一百零一種解讀，大部分人覺得首先得有比較平衡的經濟基礎，免去貧賤夫妻百事哀的問題；其次呢有個孩子，給離婚設置障礙；再次呢，守住道德底線讓日子變得簡單一些，再抱著人道主義精神讓雙方過得精彩一些；最後，摸爬滾打的戰友情讓人留戀，婚姻真正變得結實了。

婚姻，看起來是兩個人相處，其實更重要的是跟自己相處。

拿我來說，我覺得大家在能接受的範圍內盡量讓步，但其實改變雙方的觀念確實沒意義，哪怕企圖溝通，最後也會變成互相的批判大會。所以婚姻更像是合夥完成一些事，而另一些事最好看淡，帶好孩子，各自盡量注意好自己的身體，這些是關鍵。

婚姻也有點像開公司，不同部門各自為營，誰管誰多了都有點嫌煩，但是必須加點「企業文化」，否則也不像個好公司。

比如我們家的企業文化是：家庭地位取決於智商與情商之和，這一原則讓我們在各種分歧面前，都迅速有了解決方案的優化排序。十三姊夫雖然智商還行，但情商為負數，於是總分落後，排名第四。有了這種文化架構為支撐，很多事都好辦多了。

只有「企業文化」做好了，每個「員工」才能混得好。

婚姻裡的體面

還沒離婚，
就是成功。

有的人在立「婚姻大師」人設，傳授諸如「三十六招打造成功婚姻」的技能，收費還不低。我勸各位別去當這種「韭菜」，有空不如去學「如何實現月入數十萬」，成功機率還能高一點。

什麼叫「成功婚姻」，地球上可能還不存在可以給出標準答案的人。但如果你問「如何搞砸一場婚姻」，幾乎每個人都能給你出出主意。結過婚的人基本上都知道：完美婚姻，都是放屁。

但假如調整一下閾值，你會發現「成功婚姻」其實又很容易，比如「還沒離婚就是成功」，這是美劇版《婚姻場景》中，一位研究婚姻的學者在給一對結婚十年的夫妻做採訪民調的時候，下的第一條結論。

很明顯，在外人看來，一對結婚十年以上還沒離婚的夫妻就算是擁有了成功婚姻。如果再加上他倆能和平對話，面對外界時能和睦相處，有穩定工作並有子女，那就算是「模範夫妻」了。這麼一想，我們很多人都很成功，實在太厲害了……畢竟根據劇中呈現的數據，美國人平均婚姻維持時常只有八．二年。

但婚姻到底是什麼樣的，只有當事人自己心裡有數。無數婚姻都是金玉其外，很多夫妻的「默契」僅剩「在外人面前表現得默契」了，**「模範夫妻，全靠演技」**。

大多數人都是不知不覺中假裝了成功，而且裝得連自己都信了。

如果你看過一九七三年瑞典電影大師英格瑪．柏格曼的《婚姻場景》，會感覺那像是一部「恐怖片」，該片揭露了婚姻的不可理解——沒結婚的人看了不敢結婚，結了婚的人看完想離婚，離了婚的人看完想復婚。而被翻拍成美劇的《婚姻場景》，更像是「哲學片」，讓你開始思考：我是誰，我為什麼結婚，婚姻到底會變成什麼樣……你最終會明白：「假裝沒問題」，是大部分人對待婚姻的鴕鳥對策，因為他

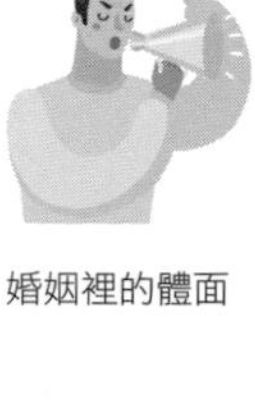

們害怕解決一個問題會帶來更大的問題，所以很多我們肉眼看到的「成功婚姻」，背後可能也是一地雞毛。這麼想想，是不是忽然心情好多了？

很多人覺得自己的婚姻不怎麼樣，這是透過和別人對比得出的結論，但實際上，這樣的結論很不準確，畢竟**在朋友圈裡秀的恩愛或逢年過節愛向眾人展示的「恩愛」，更大意義上是在展示「還沒離，還沒換」，外人卻願意理解成「真是成功婚姻」**。

就像《婚姻場景》裡主角的婚姻，在外人看來到底有多麼成功呢？

首先，他們都是很想照顧對方情緒的人——按理說這樣的婚姻應該很好經營了吧。其次，事業型女主角（賺錢比老公多）和顧家型男主角的組合，孩子也是爸爸帶得多——按理說這樣應該很和諧了吧。

但婚姻這玩意兒，還真是從沒讓人失望過——它一定會實現「無論怎麼做都能出現問題」。

就比如女人突然發現懷了二寶，夫妻倆你來我往打太極一樣地讓對方決定「要還是不要」，看起來是教科書級懂得禮讓的夫妻關係……然而，最後這個二寶的去留還是成了劈腿和離婚導火線。就像一個人很想咳嗽卻努力憋了十年，總會有憋不住的一天。

在舊版《婚姻場景》裡，老公宣布「我愛上了別人，明天早上我就要和她私奔」時，老婆還溫柔地問老公：「你行李準備好了嗎？要我幫忙嗎？」老公說：「你別總是這麼絮絮叨叨。」然後兩人相擁而眠，第二天老公就私奔了……（多麼狗血的劇情。）

而在新版美劇《婚姻場景》裡，老婆說「我愛上了別人，明天我就要跟他去以色列」，男的沉默不語，幫老婆細心地整理好行李箱裡的衣服，兩人依依不捨地相擁而眠，第二天老婆就私奔了……（比狗血更狗血。）

他們想表達的意思就是：「我很愛你，但是我不想和你一起生活了，這不是我想要的生活。」這就是在強調「婚姻和愛情壓根沒法共存……」這可不行，不符合核心價值觀。仔細一想，他們可能潛移默化中受到了「新潮思想」的影響，因為他們有一對正在踐行著「開放式關係」的好朋友。

什麼叫開放式關係？A和B是一對情侶（或夫妻），但他們彼此允許和接納對方有另外的情人。就像《婚姻場景》裡的另一對夫婦。

這一對夫妻有一次吵架，是因為妻子和二號男友分手後傷心欲絕，但丈夫沒有表示安慰，甚至還對妻子生氣。妻子就非常不服，她說：「你怎麼這麼小氣？當初說好了的，再說我也陪你度過了你的亞拉娜還有葛瑞斯那段，你為什麼不陪我度過我和強納森的悲傷分手……」

嘆為觀止，這是在衝擊一夫一妻制度。這看似不現實的行為說不定在未來真的會

成為現實，誰知道呢？但打破一夫一妻制，婚姻就能更好嗎？他們就是個反面教材，其實就像大部分婚姻一樣，人的關係不知道會在哪裡出現問題，反正最後就是不舒服。這對「開放式」的男女配角的失敗關係，本身就是一門哲學——不管是不是一夫一妻，難道婚姻都是反人性的嗎？

婚姻裡有各種不確定性，哪來的成功標配。就像美劇版《婚姻場景》中，那位女主角一樣也可能出軌，說走就走；男人也可能有抓狂期、憂鬱期、平靜期、適應期，之後獨自照顧下一代。好笑的是，後來女主角跟她的小情人也過不下去了，畢竟激情都會過去，回歸家庭生活後，兩人照樣會有各種問題，這再一次證明：婚姻是愛情的墳墓。再然後，他倆反反覆覆保持著某種曖昧關係，已經說不清屬於什麼感情了，但還是會像過去一樣：說吵就吵，說好就好，藕斷絲連，但就是不可能再在一起……

真實的婚姻其實就是這樣，很平靜，但隨時能變得戲劇性起來。

有人說：婚姻的問題都是溝通的問題。但也不全是這樣，你看劇中這一對主角夫妻，他倆無話不說，也很注意考慮對方的感受，結果呢……所以，婚姻的問題其實是精神不同頻問題。有時語言也可以偽裝，但精神無法作假。太過大條或事無鉅細都會給對方帶來困擾，而對彼此的不滿和疏離積累到一定厚度就會無限壓抑。時間一長，壓抑就流於表面，擇機爆發。

很多人的婚姻看起來根本沒有什麼大問題，但就是過得不舒服。

大部分的人在婚姻裡只能順應社會性，淡化自己的感受，所以有不少人在一長段人生中都是憋屈的，有一些會選擇在孩子長大成人後離婚，尤其是女性，她們的口號是「考完大學就離婚」……如果把婚姻當作一份工作，離婚就是退休，放下責任約束，出去逗鳥遛狗。

但只要一天沒退休，一天就得想著，如何才能像別人一樣爭取順利工作一生不必退休。儘管我們都知道，有很多一生都沒退休的婚姻，不見得是婚姻有多成功，而是夫妻雙方為了維持體面的表象做出了努力，假裝成功，入戲頗深，能裝一輩子，也就算成功了。

下降空間還很大

總有一樣行的以後慢慢會不行，
所以現在也不算太差。

我們家的鐘點工李阿姨，雖然一週就來兩三次，但她不在時，我也好像時常能隱約聽見她在說話，都出現幻聽了……可能是因為她平時嘴太碎，誰家買了什麼黑科技清潔產品，誰家堅持健身瘦了幾十公斤，誰家兩口子鬧意氣回娘家了，誰家小孩得了什麼稀奇古怪的獎了，方圓十里內的最前沿諮詢和八卦新聞沒有不能被她傳遞的。每次聽完她傳遞的那些資訊，我都像得到一次洗禮，感覺自己的位階又下降了一截，各方面都和別人有了差距。

有一天李阿姨來我家，看到我老公正在看電子書，就對著他說：「起來動動。」

我老公愣住了，沒反應過來。阿姨又說：「你老坐在這兒，中醫稱之為久坐傷肉、氣血不暢，會讓你下肢浮腫、肌肉萎縮，還會導致腦供血不足、精神萎靡，陰虛心火內生，引發五心煩熱……」

我們倆面面相覷好幾秒，不知道這一刻應該怎麼做，才能緩解這種既有點不認同但又完全無法反駁的尷尬。我只好說：「對對對，阿姨你說得對，這幾種症狀我們好像都有！」

阿姨滿意地說：「你看，我說得沒錯吧，你們要多動動。再說你們總盯著螢幕，眼睛也要不行的吧？」

我說：「眼睛現在還行。」她說：「不能光看現在啊，現在行，不見得以後一直行。」原來阿姨的恨鐵不成鋼中還帶著期許呢，這意思是：總有一樣行的以後慢慢會不行，所以你們現在也不算太差，還有很大的下降空間。

我也知道，這屆中年人確實很容易讓人失望。尤其我這類，又懶又得過且過又喜歡給自己找藉口，還喜歡裝鴕鳥。上次跟阿姨說「只要我不去體檢，就沒有病」的

下降空間還很大

時候，她覺得我精神有點問題。而阿姨就不一樣了，她似乎每週都帶著某種憧憬在生活——下週要去體檢了，下週要去辦游泳卡了，下週要去報個西點班了，下週要和姊妹去逛 Outlet 了……生活得充滿計劃性和節奏感。

真羨慕她這種老公和孩子都在外地的，過著「白素貞」一樣自由和有儀式感的生活。而我們這種中年人，看起來好像財富自由、家庭穩定，但我們更像是在混日子。工作起來就是電腦前一整天精神萎靡，晚上跟孩子還要經歷一次精神和肉體的雙重拷打，好不容易靜下來，總會有各種不得不做的事把我們的靈魂按在地上，我還真沒辦法把那麼多氣血用到計劃性和節奏感上去。像我們這種記事全靠備忘錄的卑微中年人，基本上很難去思考下週做什麼，我們只能思考今天還有什麼沒做的，看看家長群組裡還有沒有什麼沒打的卡……

在上海，像李阿姨這樣知識面多元、見識廣博的阿姨是很多的，現在想請一個各方面滿意的鐘點工阿姨都挺不容易，倒不是難在我們看不上合適的，而是難在好的阿姨可能看不上我們。

一個優秀的阿姨，總能讓我們近距離感受到什麼叫「自知之明」——以為自己還不錯，聽阿姨隨便講了幾個別人的故事，就發現自己唯一還不錯的就是下降勢頭保持得不錯。比如我家阿姨有一次告訴我：「別人像你這個年齡，體重都差不多在五十公斤出頭才算健康。」我……

我們家上一個鐘點工王阿姨，剛來我家時，有一天站在窗臺俯瞰社區園景許久後，對我發出感慨：「你們這個社區啊，不大行。你看看，已經晚上七點多了，社區裡怎麼這麼多小孩在狂奔？這個點，小朋友們不是應該在練琴、練書法、跳舞拉筋嗎？」

然後她饒有興致地回憶起之前工作過的某社區，一到傍晚時分，鋼琴聲、提琴聲、單簧管聲，此起彼伏……練芭蕾的、練中國舞的、練武術的，比比皆是……學書法的、學國畫的、學油畫的，藏龍臥虎……那才是一個高級社區應有的樣子。

而像我們這種小孩滿地爬，家長也有點「不務正業」陪著瞎玩的，簡直就是不注重教育，整體素質落後，沒有上升空間的落後社區。

其實每一個中年人都很容易被整個時代道德綁架，處處都是「你應該做什麼」。

阿姨就曾經問過我：「你們家孩子怎麼沒學鋼琴？我服務過的人家裡孩子都學鋼琴。」你看，人到中年背負的任務可太大了，我兒子萬一長大後看到周圍的人都會彈鋼琴，他會怪我嗎？但後來我也想通了，別沉溺於這種心態，可以從其他地方補足嘛，比如以後周圍的人都會彈鋼琴，而我兒子卻是唯一電烙鐵玩得好的一個，和他爹一樣，過上出淤泥而不染的人生，怎麼了？

下降空間還很大

這年頭什麼都能激起鬥志，保母也一樣。有些見過世面的保母，本身就是一個教育實踐專家，她們見識過的育兒法則，比我們吃過的酪梨都多。

我家阿姨說：「Lucas 他媽從小孩上一年級開始，就整天不舒服、渾身無力、沒胃口、愛發脾氣、脫髮、晚上失眠白天嗜睡……然後她就開始研究起中醫來了。」

Lucas 是李阿姨每天接放學的孩子，就在我家斜對面的菜場小學，但我從來沒聽過他的中文名，現在的菜場小學等級也挺高的了。

「Lucas 媽媽自從開始鑽研中醫，天天抱著本書，沒空做別的了。孩子也不接，讓我去接；孩子默寫她也不管，讓我去默寫；孩子吃飯她也不做，也是讓我做。我每天在她家五個多小時，充實得很，一分鐘都閒不下來。她什麼也不做，結果現在氣不虛了、睡眠好了、臉色紅潤了，看樣子是打通了全身氣脈，健康得不行！」

聽完這些，我有了一種感覺：好像全世界除了我以外，每個中年人都已經找到了最好的、最適合自己的養生續命方式，只有我不夠愛自己……不過我覺得 Lucas 媽媽也不能就此放鬆警惕，她兒子才上一年級，她的中醫知識儲備總有不夠用的一天，她也有大把的下降空間。

我也能理解阿姨的這種充滿幹勁的飽滿鬥志是怎麼來的。每天下午在學校門口接小孩的那些阿姨其實也要ＰＫ的……王阿姨家的孩子媽懷二寶了，她最近在學母嬰護理，準備衝刺考個證照；陳阿姨去年從急救訓練班畢業，還會游泳和跆拳道，這兩年會急救和會跆拳道的阿姨可太搶手了；李阿姨在家都開始雙語交流了，每天用英語報菜名，估計明年可以找個老外家庭了，工資又能翻倍……阿姨不自我鞭策，也很難上升。

英語報菜名我是不行的，跆拳道和急救我也不懂，母嬰護理我更是毫無概念，果然，我們的下降空間不但可以橫向發展，還能縱向延伸。我們的精力有限，耐心有限，能做的只有維持現狀不跌破底線。所以每個人都在自己的生活圈裡和別人比，有些比得過，有些差得遠，我們可以試著向下找優勢，比如跟一些不諳世事的年輕人吹噓中年生活的各種風景，以掩飾自己對年輕的懷念。

現在每當有年紀輕輕的朋友在我面前慨嘆他的「精力和體力大不如前」時，我都不會去嘲笑年輕人無病呻吟，還沒體會中年的混沌，談何大不如前。

我只會去鼓勵他們——不要太過焦慮，生活總要繼續，一定要趁年輕保持努力，不斷提升自己，為迎來中年時更大的下降空間做足準備，降也要降得比別人優雅。

下降空間還很大

婚姻的意義

區區肉身，短短一生，
互不干涉才是最好的時代。

很多人整天追問「結婚有什麼意義」，我覺得好無聊啊，結婚沒什麼意義。人生有什麼意義啊？活著有什麼意義啊？說白了都是一團細胞組合起來被賦予了不同的基因在世間遛達，凡事都是這團細胞吃飽了撐的找點事做，歸根到底大家都是來體驗一下世間苦難，最後化為灰燼。

我作為一個女人，特別討厭有些女孩一天到晚警告別的女孩「你不應該結婚」或「你應該怎樣怎樣」。怎麼，你是上帝還是王母娘娘啊？

讓別人自己選就好了嘛，反正大概的機率不管怎麼選，未來都會有後悔或遺憾……大家都只活一輩子，幹麼聽你的。

現在網路上有不少人教育大家去憧憬「不要男人、不要孩子」的所謂「獨立瀟灑生活」，我不知道她們從何而來的這種自信。這麼說吧，在國內，有能力獨立把日子過舒服的女性比例真的不高。注意，我說的是「過舒服」，不僅僅是「還活著」。真正獨立的女性離開誰都能好好活，一點問題都沒有，我自認自己也是如此。只要家底牢靠，財富自由，思想獨立，生活能力也在多數人之上，就可以實現獨立生活無負擔。即便如此，我仍覺得有個自己的家和屬於自己的至親子女挺不錯的，哪怕糟粕不少，但這就是我的選擇。這正是獨立女性該有的獨立作風。

有問題的是非黑即白的人對「家庭」的概念異常模糊，對「獨立」的扭曲解讀也算是這個時代的一種汙點。

好，如果非要談談「婚姻的意義」，我覺得就是「家的意義」吧。中國孩子向來很少被進行「愛的教育」，大多數只有「考個高分」的教育，「家庭」概念其實是很懵懂的。結婚就是為自己創造一個家，這個理論非常直白，但鮮有人談及。

不過說再多理論都沒用，生活就是這樣的，越簡單越真實。我看過一部英國電影，

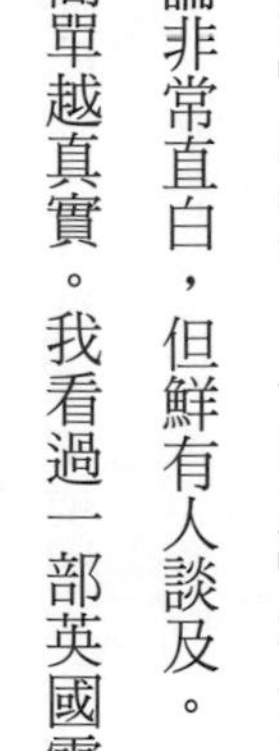

叫《倫敦一家人》，把戀愛結婚、養育子女、經歷婚姻生活種種困境與幸福的普通人的真實生活是什麼樣子，基本上說清楚了，還有，解答那個終極哲學問題：婚姻的意義是什麼。

這部看起來如流水帳一樣的電影，平鋪直敘，但是後勁很大。簡單、樸素、有悲有喜、有苦有甜，三餐四季，暮雪白頭……就跟我們每個普通人一樣，不算太富有，也不算出眾，沒有什麼高貴的職業，孩子也不大讓人放心，日子過得不輕鬆，還碰上了社會動盪、東躲西藏，有起伏、有困苦、有生死抉擇……大環境挺糟糕的時候，我們需要一些依靠，這也許就是有個丈夫、有個孩子、有個家的意義。

樂觀、陽光、充滿善意、堅韌、情緒穩定、勤勞、懂得共情，這些是擁有一段美好婚姻的必需品。如果我是一個這樣的人，另一半也是一個這樣的人，那走進婚姻的機率是會比單身的生活更好的，因為在喜悅的時候有人分享，在痛苦的時候有人依靠，在困境裡有人陪你一起度過，還有念想，有希望……不過，如果另一半不是這樣的人，婚姻還會幸福嗎？

可能人人都覺得自己是很不錯的，但害怕找不到很不錯的另一半，所以不敢結婚。

我一點都不想讓下一代開始唾棄普通、但可能會幸福的生活方式，而片面地、被慫恿著去選擇所謂符合當下思潮的方式。我們當年缺少這種辯證的獨立思考，認為到了一定年紀就該考慮婚戀；但現在同樣有些人缺少這種思考，認為一定不能考慮婚戀，否則是自找苦吃。

其實大家都不要互相勸來勸去。區區肉身，短短一生，沒必要被那麼多框架和理論支配，有對的人的人自然有對的人，沒有的自己去自我欣賞，互不干涉才是最好的時代。

有女孩子問「結婚的好處是什麼」，這個問題根本沒法回答。我可以說出一萬種不好，但很難說出一個可以服眾的好處，但這並不表示結婚沒有好處，因為有些好處就像散落的光，你如何把它們聚集起來全盤托出呢？

我更希望的是每個人能理解一件事：平淡和苦難是生活的底色，愛和溫暖是對其進行美化，普通人也可以有能力在底色裡透過自身的價值觀、修養與自我提升和努力進取，去獲得更多愛和幸福。在這個前提下，對的婚姻是我們在宇宙洪荒裡的靠山，不是壓垮我們的大山。

婚姻生活更大的意義不是去追求最大值，而是關注最小值。**最大值是在你體會到幸福的時候讓你更幸福，而最小值是在你迷茫痛苦的時候給你托個底。**

國家圖書館預行編目資料

老公這種生物，身體或靈魂總有一個在馬桶上/格十三著. -- 初版. -- 臺北市：寶瓶文化事業股份有限公司, 2024.04
面；　公分. -- (Vision；255)
ISBN 978-986-406-403-8(平裝)

1.CST: 婚姻 2.CST: 夫妻 3.CST: 家庭關係

544.3　　113002224

Vision 255

老公這種生物，身體或靈魂總有一個在馬桶上

作者／格十三

發行人／張寶琴
社長兼總編輯／朱亞君
副總編輯／張純玲
主編／丁慧瑋　編輯／林婕伃・李祉萱
美術主編／林慧雯
校對／丁慧瑋・陳佩伶・劉素芬・格十三
營銷部主任／林歆婕　業務專員／林裕翔　企劃專員／顏靖玟
財務／莊玉萍
出版者／寶瓶文化事業股份有限公司
地址／台北市110信義區基隆路一段180號8樓
電話／(02)27494988　傳真／(02)27495072
郵政劃撥／19446403　寶瓶文化事業股份有限公司
印刷廠／世和印製企業有限公司
總經銷／大和書報圖書股份有限公司　電話／(02)89902588
地址／新北市新莊區五工五路2號　傳真／(02)22997900
E-mail／aquarius@udngroup.com

著作完成日期／二〇二三年十一月
初版一刷日期／二〇二四年四月二日
初版三刷日期／二〇二四年九月十六日
ISBN／978-986-406-403-8
定價／三八〇元

寶瓶文化·愛書人卡

感謝您熱心的為我們填寫，對您的意見，我們會認真的加以參考，
希望寶瓶文化推出的每一本書，都能得到您的肯定與永遠的支持。

系列：Vision 255　書名：老公這種生物，身體或靈魂總有一個在馬桶上

1. 姓名：＿＿＿＿＿＿＿＿＿＿ 性別：□男　□女

2. 生日：＿＿年＿＿月＿＿日

3. 教育程度：□大學以上　□大學　□專科　□高中、高職　□高中職以下

4. 職業：＿＿＿＿＿＿＿＿＿＿

5. 聯絡地址：＿＿＿＿＿＿＿＿＿＿

聯絡電話：＿＿＿＿＿＿＿＿＿＿

6. E-mail信箱：＿＿＿＿＿＿＿＿＿＿

□同意　□不同意　免費獲得寶瓶文化叢書訊息

7. 購買日期：＿＿年＿＿月＿＿日

8. 您得知本書的管道：□報紙／雜誌　□電視／電台　□親友介紹　□逛書店
□網路　□傳單／海報　□廣告　□瓶中書電子報　□其他

9. 您在哪裡買到本書：□書店，店名＿＿＿＿＿＿＿＿＿＿
□劃撥　□現場活動　□贈書
□網路購書，網站名稱：＿＿＿＿＿＿＿＿＿＿　□其他

10. 對本書的建議：＿＿＿＿＿＿＿＿＿＿

＿＿＿＿＿＿＿＿＿＿

＿＿＿＿＿＿＿＿＿＿

＿＿＿＿＿＿＿＿＿＿

11.希望我們未來出版哪一類的書籍：＿＿＿＿＿＿＿＿＿＿

＿＿＿＿＿＿＿＿＿＿

（請沿此虛線剪下）

寶瓶

讓文字與書寫的聲音大鳴大放

寶瓶文化事業股份有限公司

亦可用線上表單。

廣 告 回 函
北區郵政管理局登記
證北台字15345號
免貼郵票

寶瓶文化事業股份有限公司 收

110台北市信義區基隆路一段180號8樓
8F,180 KEELUNG RD.,SEC.1,
TAIPEI.(110)TAIWAN R.O.C.

（請沿虛線對折後寄回，或傳真至02-27495072。謝謝）